與耶穌一起走苦路

從受難到復活的14站心靈朝聖

盧俊義——著

專文推薦

為自己的朝聖之旅做準備

周士煒

盧牧師在本書中提到抹茶山上聖母山莊的苦路十四站，我去過！

但並不是知道當地有苦路而刻意為之，而是抱著遊山玩水的心境前往時，赫然被路旁苦路十四站的圖像吸引。那是種複雜的感受，像是剛剛完成人生中某個小小目標，卻被莫名出現的死亡震攝。

是的，大多數的死亡正是如此闖進我們的生活之中，即使有人做足了準備，也仍覺忐忑不安，更別說那些不知道該如何面對它的人。當然，對許多人來說，最難面對的仍是自己的死亡。畢竟作為一位有思想與感受的存在者，再也沒有比死亡更徹底地奪走我們存在的事物了。

然而，苦路的存在卻讓我們有機會在面對自己的死亡之前，先目睹那位宣稱要替眾人而死的至高神。祂來了，受苦了，釘死在十字架上了，倘若耶穌說的是真的，不就代表著相信祂代替世人罪孽而死之人，能夠不用面對死亡；或者說，不用面對生命臨終前的焦慮。因為耶穌曾經如此應許：「我是復活和生命。相信我的人，雖然死了，也必活過來。」（約 11:25，《新漢語譯本》，下同）

對我而言，苦路有三個層面的信仰意涵：

首先，苦路是上主豐富憐憫的展現。儘管世人將屈辱、嫉妒、懷疑、仇恨、憤怒、暴力傾倒在耶穌身上，祂仍面不改色，斷然拒絕耶穌在客西馬尼園中挪去苦杯的請求，定意要自己的兒子受苦。上主這麼做的目的只有一個：使人藉著耶穌罪得赦免，領受救恩，成為屬於祂的兒女。

其次，苦路是基督毫無保留的犧牲。在十四站中，耶穌三次跌倒，展現出祂的軟弱與無助。祂決心踏上這條路的同時，意味著全然放棄掌控自己的權力，任由他人擺佈。但這正是祂自己所說：「人為朋友捨棄生命，沒有比這更大的愛了。」（約 15:13）耶穌放下一切，為了讓人看見祂的愛。

第三，苦路是聖靈更新我們的契機。面對耶穌的苦難與死亡，我們只能承認自己無能為力，亦無法承受，也無言以對。然而，就在我們絕望之際，「聖靈親自以無法言喻的呻吟為我們祈求」（羅 8:26），復興並培養我們的生命與靈性。我們在苦路的旅程中，如果有什麼值得誇耀的成長，那必定是因為在聖靈的光照與引導下，使我們只看耶穌基督及祂釘十字架。

因此，踏上苦路的人啊，要記得這是一條朝聖之旅（pilgrimage）；它絕非模仿耶穌之旅、也不是苦修之旅。我們不能驕傲地以為，若是自己經歷過耶穌承受的痛苦，就可以坦然面對死亡，獲得救贖。不是的，親愛的朋友，恐怕誤會大了！基督信仰並沒有意圖要形塑無懼死亡的勇者，反而是要陶造承認自己軟弱的謙卑人。

誠然，謙卑才是走過苦路之朝聖者的最終獎賞。你沒有聽錯，謙卑在基督信仰當中，不只是一種生命態度，更是上主透過耶穌的苦難賜給我們的禮物。當耶穌各種錐心之痛一站接著一站擺在眼前時，我們還敢自豪於承受痛苦嗎？就連神的兒子都在十字架上痛苦地死去，我們這些凡夫俗子又怎能妄想戰勝死亡呢？

感謝上帝，苦路沒有以死亡告終，而是墳墓。耶穌死後第三天，這個墳墓的意義被改變了，它曾是拘禁死人的場所，如今卻成為復活與生命的盼望記號。對所有相信基督的人而言，死亡不再是終局，祂取走了死亡，以自己代替。從此，基督是我們的終局，是帶給我們生命的永恆主宰。

這本書是以盧牧師信仰的靈性深度、豐富的人生歷練與其對聖經的熟稔所寫成，並不需要我推薦什麼。但衷心期盼看到此篇推薦序的讀者，把這本書帶回家，為自己的朝聖之旅做準備。或許，當你讀完之後，會驚訝地發現自己已經在旅途之中了。起來，走吧！

本文作者為中華信義會得勝堂牧師

專文推薦

苦路祈禱就是默觀靈修的最佳操練

胡國楨

筆者才完成啟示出版的羅爾神父新書《基督的奧秘》最後把關審訂工作；剛忙完最後一步——為剛出爐的新書編好「勘誤表」，以備再刷時的校正之用——還沒有放下滑鼠，新任務就來了。盧俊義牧師透過責任編輯周小姐詢問我，問本人有沒有可能幫他們即將出版的盧牧師新作《與耶穌一起走苦路》寫篇推薦序。

這是天主的意思嗎？應該是吧！因為啟示出版的所有羅爾作品，都是圍繞著「默觀」主題在談靈修操練，而苦路祈禱正是默觀靈修的最佳操練方法之一。不過，我還是一驚：什麼！啟示要出版一本長老教會牧師創作的「苦路」作品？筆者我有沒有看花眼啊？這真是一個破天荒的創舉，至少在台灣是如此。

經過一夜的沉澱，早上清醒過來，確定這絕不是偶然。如果是筆者所認識的盧俊義牧師，要跟啟示合作出版有關「苦路」的書，這是必然，絕不是偶然。本人只是有點遺憾，為什麼我接觸到的第一本天主教之外人士寫的中文有關「苦路」的書，是長老會牧師的創作，而不是聖公會有關人士編寫的？

說是必然：誠如盧牧師在〈作者序〉中說的，他從一九七四年神學院剛畢業，就在台東與白冷會神父及聖十字架仁愛會修女有所往來；之後，在他的牧會事工中，也與天主教各方面保持良好關係，全台灣天主教堂（至少東部的天主堂）他幾乎都走透透了；他也曾接受本人邀約，來我們神學院大公主義課堂為同學介紹長老會；所以，他會深入研究天主教靈修傳統，以致在神學院畢業五十年後的今天，寫出這樣一本天主教靈修操練的重要作品來，本人一點也不意外。能有這樣的成果，真是可喜可賀。

可能盧牧師至今仍沒有機會踏入一間聖公會的教堂，其實聖公會教堂的四周牆壁，也都掛有十四處苦路。所以，以苦路祈禱做靈修並非天主教獨有的靈修方法。現正在聖公會台南天恩堂牧會、過完年就要調到高雄保羅堂的蔡靜儀牧師，每年四旬期（大齋期）她必定帶領教友做苦路祈禱。希望本人在有生之年，能使用到一本聖公會有關人士編寫的苦路書做祈禱。

至於啟示，要跟盧牧師合作，出版有關「苦路」的作品，筆者肯定這也是必然，因為啟示確曾出版過不少天主教人士有關聖經及靈修等的作品，多加一本，也只不過是錦上添花而已。預祝這本書會造成洛陽紙貴，不只為天主教教友做苦路祈禱時多加了一本參考書，也為基督新教教友能有機會接觸到：基督宗教兩千年來、相當寶貴的一項靈修操練的優良傳統。

首先，筆者要向天主教及聖公會的牧者及教友推薦此書，因為盧牧師是一位相當優秀的聖經詮釋工作者，這方面的著作等身。就算我們拜苦路時鐵定用不到這本書（因為我以天主教神學院聖事禮儀老師的身分，不主張在禮儀中講道超過十五分鐘，這本書裡的每一處苦路講解大概都要超過十五分鐘），但，本人建議：我們可以用另類聖經詮釋的角度來讀這本書，你必定會有料想不到的收獲。

其次，筆者也要向基督新教的牧者及教友推薦此書，因為苦路祈禱確實是默觀靈修的最佳操練。按照羅爾神父的說法，「默觀」是祈禱的最佳途徑，默觀靈修是我們面對自我生命的一種重要態度，也是使我們看見我們生命實相的必要條件。盧牧師這本「苦路」書的寫法，很類似耶穌會依納爵靈修中、靈修導師帶領信友所做的默觀祈禱，讓被帶領者好像身臨其境地靜觀耶穌及其周圍的人、事、景觀等的具體情境，經過潛移默化，與基督的生命頻率形成共振，而把耶穌基督的生命活到自己身上來。

「苦路」，為基督信仰來說，是邁向復活的必經之路。基督徒靈修的目標，其實就是逾越這個世界中的一切苦難，達到復活的境界。就算你不像天主教或聖公會的教友一樣，每年四旬期（大齋期）內一定要做幾次團體或個人性的苦路祈禱，你也可在平日靈修時，運用盧牧師的這本書，試著體驗耶穌走苦路時的心境，以及在苦路旁陪伴耶穌同行者和圍觀群眾的心境。

第三，筆者也要向不是基督徒、但對基督信仰有好奇心的朋友們推薦此書，你一定可以經由本書體驗到基督信仰的一部分核心理念，進而多理解你的基督徒朋友，增進你們的友誼。

此外，本書的兩篇〈附錄〉特別值得推薦，尤其要推薦給台灣天主教的教友們，因為天主教教友太過分重視聖母的顯現了。其實在我們的信仰理念中，聖母顯現與否並不是核心因素。我們基督徒有沒有在此世與耶穌基督生命的頻率形成共振，而面對此世間的苦難，與之共存表達憐憫之心，進而有所行動，才是信仰的核心。

在〈附錄一〉中，盧牧師並沒有提及聖母的顯現，而是以巴瑞士修士的生平事蹟，以及他的最後心願：此地應該有十四處耶穌苦路，來介紹宜蘭礁溪的聖母山莊。在此，筆者願向常去聖母山莊朝聖的天主教友呼籲：巴瑞士修士的言行及其苦路的遺願，應該是不可忽略的朝聖主題之一，可能比聖母有沒有顯現更值得懷念並效法。

最後，每年有數以千計的男女老少奔向西班牙及葡萄牙，幾乎要花一個月時間，去走那條「雅各朝聖之路」，其中包括可能數以百計台灣、港澳、中國大陸的朋友。不論是否為基督徒，不少人趨之若鶩，就是想藉此沉澱自己，並獲得那張完成全程的珍貴證書。

本人要向這群朋友鄭重推薦盧牧師的這本默觀書。假如你在朝聖路途中，每天趕完當天的路程，準備休息，就寢前花個十分鐘，細讀盧牧師為其中一站的講解，做個默觀祈禱。第二天上路，途中，眼睛靜觀沿途美景，心靈的耳目也不斷繼續昨晚的默觀祈禱，這是天主教教友做避靜時常用的方式。若然，相信這趟朝聖之旅必定給你帶來羅爾神父所說的：默觀靈修使我們看見我們自己生命的實相。

本文作者為耶穌會神父、輔仁聖博敏神學院教師

專文推薦

體會並珍藏復活和永生的奧蹟

陳仁勇

因為……透過死亡，我們才能重生，進入永恆。

——聖方濟〈和平禱文〉

小時候曾好奇的問：「為什麼天主堂的十字架上有耶穌的雕像，而我們禮拜堂十字架上卻沒有耶穌？」牧師解釋說：「因為天主堂強調耶穌受難，而基督教強調耶穌已經復活了，所以教堂的十字架上沒有耶穌。」後來在天主教醫院工作，較常參加彌撒，才知道天主教和基督教不同的信念，不只表現在十字架上，也反應在教會的敬拜儀式和靈修活動。

大部分的基督教教會，只在復活節的週日大事慶祝，忽略了復活節前的預備及齋戒。相對的，大部分天主教會仍然謹守早期教會的傳統，慎重舉辦四旬期的敬拜活動。從復活節前四十七天的聖灰星期三齋戒日開始，之後每一天全世界的天主教友一起閱讀同樣的彌撒經文，儘量避免歡樂的節慶活動，而在最後聖週的週五齋戒，舉行苦路敬拜儀式，紀念耶穌受難。

基督教教會常宣揚「信耶穌得永生」，卻忘記必須透過耶穌的死亡，我們才能得永生。很高興看到盧牧師能在此，介紹常被基督徒忽略的苦路靈修。藉由閱讀和默想本書的信息，我們可以在大齋期裡，不只紀念耶穌所受苦難的意義，也同時反省這些苦難在我們所處的社會、教會、家庭、職場的意義。

盧牧師在本書中呈現苦難的三層意義。首先，在每篇的開始陳述並解釋福音書中記載耶穌被釘十字架的過程，並對新約沒有記載的苦路，或某些難解經文，有精闢的分析。第二層，書中穿插兩千多年來，世界各地效法耶穌的基督徒所受的苦難和意義：第一位殉道者司提反、十六世紀捷克聖經學者胡斯、十六世紀日本長崎的二十六聖人、為爭取美國黑人民權而犧牲的金恩牧師……讓我們瞭解，他們如何透過死亡得到永生，將罪惡化為神聖。

最後，書中呈現苦路的第三層意義：默想發生在我們這個世代的苦難、在我們身邊的苦難：歐洲的難民、巴勒斯坦的衝突、二二八的受難者、原住民和新住民所受的歧視和迫害……深刻反省，我們可能是受害者，也可能是加害者。是否在代罪羔羊受審時，在不公義的偏見和輿論中，我們也曾高喊「釘他十字架」；面對被病痛折磨、被社會唾棄的邊緣人，我們卻置身事外說「流這人的血，罪不在我」。或是我們能效法西門，為我們這個世代的代罪羔羊背負十字架，或是如苦路上的婦女，為被人唾棄的新住民或難民擦拭臉上的淚水和身上的血水？

《與耶穌一起走苦路》不只是一本傳授知識的書，也是一本信仰操練的手冊。讓我們可以在每年的大齋期，重新思索如何在苦難和死亡中，體會並珍藏復活和永生的奧蹟。

本文作者為羅東長老教會會友、前澎湖天主教惠民醫院院長

專文推薦

思想耶穌、注視耶穌

陳南州

一般而言，天主教會的教堂和基督教會的禮拜堂，有兩個顯著的差異。第一個差異是裡面的十字架：天主教堂裡的十字架上有受釘的耶穌雕像，基督教禮拜堂中的十字架並沒有受釘的耶穌。另一個差別是，禮拜堂裡的牆壁上大多沒什麼壁畫，但許多天主教堂內都有稱之為「苦路」（The Stations of the Cross）；以十四幅圖像表明耶穌在世最後一天，被審判受凌辱，從耶路撒冷背十字架走到各各他山，受苦至死的各種情景）的壁畫或彩色玻璃。

天主教堂的這兩個特色是相關連的。耶穌受難前，和門徒一起享用逾越節的晚餐時，拿餅祝謝後向門徒說：「這是我的身體，是為你們捨的。……這杯是上帝的新約，是用我為你們流出的血設立的。」天主教堂裡十字架上受苦的耶穌雕像，和牆壁上耶穌受苦的繪畫、浮雕，或彩色玻璃，都在顯明主基督藉著受苦、流血，與人建立的新盟約，召喚信徒感念基督受苦犧牲的救恩。

對於一個生長於台灣民間宗教之家庭，讀大學時皈信耶穌基督的我，「走苦路思念耶穌」是神學院二年級才知道的事。那年，我受邀參加一個基督教團體假彰化靜山靈修中心（當時的名稱好像是「靜山退修院」）舉行為期三天的靈修營會。第二天早餐後，我和兩三個朋友在院區後面庭園散步聊天，看到有神父走進山坡邊的一條小徑。因離聚會開始時間尚有一段時間，我們決定也進去小徑看一下究竟。

我們邊走邊聊，後來注意到小徑每隔一段距離，就有一座石碑，上面有一幅由不同顏色的小石頭鑲嵌而成的馬賽克圖案。再往前走了一小段路，看見不久前早先進入小徑的神父。他跪在有馬賽克圖案的石碑前，像是在沉思默想。我們不明就裡，安靜地從他後面繞過去。到下一個石碑前面，我們停了下來，詳細觀看上面的馬賽克圖案。這時我們才發現那圖案呈現的是耶穌背著十字架跌倒在地上。由於時間的緣故，我們折返，沒繼續走下去。返回會場途中，發現那位神父仍然跪在那裡。

當天，我拿到簡介靜山退修院的小冊子，才了解後面山坡那條小徑名為苦路，以及它在天主教徒信仰生活中的含意。其實，「思想耶穌」是所有傳統的基督宗教對信徒靈修生活的重要教導。新約〈希伯來書〉的作者，不僅教導信徒要「思想耶穌」（3:1），也要「注視耶穌」（12:2）：

我們要注視耶穌，因為他是我們信心的創始者和完成者。他不在十字架前退縮；相反地，為了那等待著他的喜樂，他不把死在十字架上的羞辱當作一回事。現在他已經坐在上帝寶座的右邊。

從「注視耶穌」的角度來解說，走苦路思想耶穌就深具意義。苦路中描述耶穌受苦的圖像不是讓人膜拜的偶像，而是宗教符號。禮拜堂裡空無一物的十字架讓人觸景生情，幫助人體悟耶穌已經勝過死亡的權勢，從死裡復活；苦路上的不同圖像，則激起人們思想耶穌，體悟和感念耶穌受苦之愛和他的救恩。

因此，我一九九八年從台南神學院轉至依山建築的玉山神學院任教後，也建議院方，在校區後方的林地裡，闢建「苦路」（只有十站），供師生或訪客，可以藉著行走苦路「注視耶穌」、「思想耶穌」。玉山神學院每年耶穌受難日的活動之一，就是分組走苦路，藉以思想為世人受苦和勝過死亡權勢、復活的耶穌基督。

盧俊義牧師這本書不只邀請讀者和他一起「走苦路」，也分享他在苦路中默想、注視耶穌的體悟。其實，讀者可以有不同的體悟，或是說，應該有自己的體悟。

自從知道「苦路」之後，只要我有機會到天主教會的修院，都會去走苦路。我學會安靜地走，駐足在耶穌受苦的圖像前，默想耶穌的生命與教導，向常與人同在的上帝祈禱。不同的生命情境會讓我在注視耶穌時，從內在湧現不同的體悟。

記得有一年，我到斯里蘭卡（Sri Lanka）參加一個亞洲神學家以基督信仰與人民之解放為主題的研討會；會場和宿舍就在一個設備簡單、樸實的修院裡。那幾天早上，我都有去修院後面走苦路，注視耶穌、思想耶穌時，耶穌是解放者的角色——思想與言論受獨裁政權迫害之民主鬥士的解放者、受資本主義經濟體系剝削之勞工的解放者、受種族主義歧視人權被蹂躪之人民的解放者等，一再重複出現在我的心靈中。

本書各章的主題或許會跟你走苦路、注視耶穌、思想耶穌的體悟不同，但是我深信，你受邀與作者盧俊義牧師一起走苦路，閱讀本書，你的生命必然會因注視耶穌、思想耶穌而有所更新變化，邁向一個生命更有意義、靈性更為充實的人生。

本文作者為前玉山神學院副院長

專文推薦

耶穌的路，信仰的路

蔡銘偉

在新約中，「路」（ὁδός）是一個常見的單字，通常是指供人、車通行的「道路」。然而在新約〈使徒行傳〉中，作者路加稱呼那些相信耶穌是基督，並在耶穌死後繼續宣揚耶穌福音信息的那群人是「信奉這道的人」（使徒行傳9:2，《和合本》、《和合本2010》）。《和合本聖經》在此譯作「信奉這道的人」，在中文的語境中很容易被理解為「相信這道理的人」或「相信這真道的人」，事實上，希臘文原文直譯應該是「信奉這『道路』的人」（《呂振中譯本》，另參《現代中文譯本2019》譯作「跟從主道路的人」）。

耶穌說：「我就是道路（ὁδός）、真理與生命。」（約翰福音14:6前半）所以跟隨主，就是跟隨主的道路，或者是說，走在主的道路上。那麼耶穌這條路是條怎樣的路呢？這是一條「苦路」。

數年前的一天，我接到盧俊義牧師的請託，要我去聖功醫院安寧病房探視與他熟識數十年的瑞士白冷會賈斯德神父。賈斯德神父先前因癌症接受放射與化學治療，導致整個口腔潰爛，照顧他的教友跟我說，賈神父明明就痛苦不已，卻絕不喊痛。我去探視他那天，我知道他不舒服，不想太打攪他，就站在病床布簾外轉達盧牧師的慰問之意。他聽到盧牧師的慰問，就執意要起床接待我。

他在教友的攙扶下，當面要我轉達對盧牧師慰問的謝意。接著他突然微微抬起腳，對我說：「我好高興，這是我的新襪子。」在場的人因為他這舉動都笑了。這位一輩子奉獻給台灣的瑞士人，在生命最後的時刻，竟然會因為一雙新襪子而喜樂。第二天賈神父就陷入彌留狀態，我大概是最後一位探望他的客人。此後，每到台東，我必定去小馬天主堂的墓園，那裡是賈神父還有許多白冷會神父的安息之處。他們一輩子都走在耶穌的道路上，都走在那條「苦路」上。

既然這是條苦路，那基督徒有無可能繞道別的路而能達致終點呢？耶穌說完他是「道路」之後接著說：「若不藉著我，沒有人能到父那裡去。」（約翰福音14:6後半）然而，近來卻有基督徒領袖暗示、甚至明示跟隨耶穌不用走苦路：「耶穌受難是一時的，榮耀是永遠的，所以不要再講耶穌受苦了，要多宣揚耶穌的榮耀，這樣才會讓更多人信耶穌！」這位教會領袖殊不知，否認「苦路」就是否認了十字架的福音！那是保羅曾責備的「別的福音」（加拉太書1:6）！

如果第一世紀的基督徒被稱為「信奉那道路的人」，其實更正確來說，基督徒應該是「信奉那條苦路的人」、「走在那條苦路上的人」。盧牧師這本《與耶穌一起走苦路》也再次提醒當代基督徒，我們的信仰是「走苦路」的信仰。

一九九八年，我曾受盧牧師邀請，在他所牧養的教會擔任實習神學生。讓我印象很深的是，每年受難週前一個月，盧牧師就會在週報上提醒會友，受難週期間不可以宴樂、旅遊，要以敬虔、嚴肅的心來過受難週。這樣的提醒是我過去教會經驗中未曾聽過的，對這樣的提醒我深受感動，後來開始牧會，我也照樣每年提醒弟兄姊妹不可以在受難週宴樂、旅遊。

盧牧師這本書，不僅對已經是基督徒的讀者來說很有幫助，我相信也對不是基督徒的讀者有幫助，藉此可以更明白基督信仰核心的價值與意義。盼望眾多的讀者都從這本書得著幫助。

本文作者為台灣神學院新約博士、高雄羅雅長老教會教育牧師

專文推薦

走過維亞多勒羅沙

盧啟明

敬愛的前輩盧俊義牧師慣常在每年受難節期（大齋節／預苦期）前夕出版一本書，提供讀者信仰反思，尤其幫助在困境中淚流滿面、錐心刺痛的人們，重新讓心裡的力量剛強起來。這本《與耶穌一起走苦路》或可稱之為顛簸人生旅程中的一本「導覽手冊」，指出了盼望安慰與平靜安穩的方向，就是跟隨耶穌的腳步，在掙扎中重獲新生，帶著傷痕繼續往前行。

從歷史的角度來說，十六世紀的宗教改革在教義上有相當層面的歸正（Reformed），新教（Protestant）從天主教（Catholic）開出一條不同的路。然而，儘管破除了贖罪券、偶像崇拜的疑慮，萬民皆祭司也取代了聖品制度，卻失落了兩樣重要的傳統，其一是靈修（meditation），在安靜默想裡面，沉澱一切的雜念，操練與上主會遇；其二是禮儀（liturgy），透過吟詠、圖像及藝術，來心領神會，沉浸在莊嚴的神聖空間之中。缺了這兩項，有人形容，這是為了沖掉浴盆的洗澡水，卻把嬰兒也倒掉了。

值得注意的是，同一時期天主教也逐漸有所轉變，相對來說，苦路（Via Dolorosa，也就是維亞多勒羅沙）的傳統也是在十六世紀的時候慢慢形成。當時的信徒為了紀念耶穌的受難，開始有了朝聖的腳蹤，以此來與自己的生命對話，思考人活著的價值，還有苦難、死亡及重生的意義。我們也應當注意到一個小小的差異點，天主教的十字架是有耶穌像，紀念他的犧牲；新教的十字架則沒有耶穌像，代表他的復活。

這一本書看起來是基督宗教類的書，但其實也是探討靈修學和倫理學的課題，告訴人們不要隨別人的聲音起舞、與被欺壓的人站在一起、學會尊重包容每個生命、狂傲與敬虔、找到自身的存在意義……等等，我們不禁要說，這是一場與自己以及周遭無止境的對話。

盧牧師使用了處境化的方法，從十四站初代教父所詮釋的聖經場景中，提取當代的意義，告訴我們「信」（包括人的信心〔faith〕與神的信實〔faithfulness〕）經常是展現於「疼」（台語的愛、痛）當中，這不是表面的幸福，也不是單純的辛苦，而是深深地與十字架的會遇（encounter）。

朝聖之旅的風氣在近年來越來越受到矚目。在西班牙有所謂聖雅各之路（El Camino de Santiago），主要指從法國各地經由庇里牛斯山通往西班牙北部，最終到達聖地牙哥—德孔波斯特拉（Santiago de Compostela）的路，這是聯合國教科文組織登錄全世界僅有的兩處「巡禮路」世界遺產（另一處是日本「紀伊山地的靈場和參拜道」）。朝聖者其實就是苦行者、天路客，無不感受到山之巔、海之涯，步履蹣跚地在漫漫孤寂當中，思索心靈和萬物的關係。

最近台灣因為文化行旅受到重視的關係，也開始有人在探討一些宣教師的腳蹤。例如南部的醫師馬雅各（James L.Maxwell）之路，是府城一路往東，步行到岡林、左鎮，到高雄境內的木柵、甲仙等等；或是北部的牧師馬偕（George L. Mackay）之路，則有淡蘭古道的追尋、水路訪視教會之處；另有牧師李庥（Hugh Ritchi）在中部大社或東部石雨傘的行跡。紀念和體驗是好，但我們實在不希望這些路徑變成商業化炒作的膚淺之旅，我們不要忘記，這些路徑都是他們當年為民眾醫療宣教所走過的，有時被驅逐、潑糞，甚至被追殺逃命的路徑。

基督宗教有時候充滿逆理（paradox），耶穌說人子得榮耀之時竟然是被掛在十字架之時；一粒麥子落在土裡死了卻要結出子粒；愛惜自己反要喪生，願意犧牲卻得永活（約翰／若望福音12）。苦難帶來堅韌與盼望，走過維亞多勒羅沙，願我們仰望上主的帶領，心繫各處的天災巨變，還有烏俄戰爭、以哈衝突、葉門戰亂……，更深刻的是國際競爭下的台灣。

耶穌的生，是為了人們而死；耶穌的復活，更是因為愛。但願我們也能彼此相愛，互為相屬，不要只看到自己，而是看這世界和其中的萬物，在苦難中煉淨雜慾，學習基督的樣式。

本文作者為牧師、台灣基督長老教會歷史檔案館主任

目錄

前・言

走一趟苦路，洗滌我們的生命

從一九六六年進入台南神學院開始，每年受難週期間，學校都會舉行一連串的特別聚會。畢業後，我也這樣帶領牧養的教會在受難週舉行早晚祈禱會。但可惜的是，在神學院就讀期間，從沒有聽過天主教會所說的耶穌背十字架走「十四站苦路」，只知道耶穌背十字架走到各各他刑場。

直到一九七四年，神學院派我去台東關山，在那裡結識了瑞士天主教「白冷會」派在關山的賈斯德神父和其他多位神父，以及瑞士「聖十字架仁愛修會」在關山開設醫院的修女們，我和他們相識來往，才逐漸明白所謂的苦路，也引起我的興趣。

苦路又稱為「苦難之路」，指的是耶穌在耶路撒冷受難，背負沉重的十字架，走向各各它刑場的這段路程。苦路的傳統源於十六世紀，早在教會初期，基督徒就開始追隨耶穌前往各各他的足跡，藉此默想與祈禱，感受耶穌走過的受苦之路。

我也是從那時才注意到，在天主教會禮拜堂內的牆壁上，都有掛著這十四站苦路的圖案，我也知道了台灣的天主教會為了鼓勵信徒學習耶穌走苦路的信仰，在不少地方都設有苦路十四站的「站牌」，特別是在山路上，引領人們前往探訪。

在國外，最為出名的應該是西班牙的苦路，每年有數以萬計的朝聖者會想盡辦法去走一趟，若不急著一次走完，全程需要花費大約兩個月時間，因此，有不少朝聖者是每次走幾站，分成好幾年走完。

而在國內，很多縣市都有教會設立的「十四站苦路」，只要上網查詢教會，就可以知道。這本書的附錄有特別介紹來自義大利靈醫會的巴瑞士修士，他為了讓登山客在遇到大雨或疲勞時，可以有個暫時休息之處，在宜蘭礁溪的三角崙山（現在稱為「抹茶山」）上建造了一座「聖母山莊」，在通往山莊的路上就設置了十四站苦路，成為許多登山客最喜歡的登山路徑。

台灣人很喜歡的旅遊景點──日本長崎，可說是天主教發源地，在長崎的五島列島，為了紀念十六世紀時，基督徒遭到豐臣秀吉和德川幕府的嚴厲迫害，被流放到那裡，在五島列島最大的「福江島」上最高處，也建造有一座天主堂，在堂外的山坡上也有一條苦路。許多天主教徒每年會從各地來此天主堂敬拜，之後也會走一趟苦路，緬懷早期信徒受到迫害的信仰生命際遇。這條苦路是平路，一般人都可以慢慢走，每站停留下來沉思默禱，對信仰和生命別具意義。

這條苦路雖說是十四站，但其中有六站的場景並沒有具體的聖經經文描述，而是早期教父構思、發展出來的，這包括有：

- 第三站，耶穌背負十字架跌倒在地上。
- 第四站，馬利亞從路邊擁擠的人群中走出來看著耶穌。
- 第六站，有一位婦女拿出手帕，擦拭耶穌臉上流著的血與汗。
- 第七站，耶穌背十字架第二跌倒在地上。
- 第九站，耶穌背負十字架第三次跌倒。
- 第十三站，馬利亞將耶穌從十字架上將耶穌抱下來。這一站的場景，可能是亞利馬太的約瑟（阿黎瑪特雅人若瑟）獲得總督彼拉多的允許，從十字架上取下耶穌的身體去埋葬，那時馬利亞和幾個婦女也參與幫忙，她們協助亞利馬太的約瑟將耶穌安放在墓穴後才離去。

雖然有上述這些沒有聖經經文背景的苦路站點，卻可看出早期教父想出的這些可能性，確實是很具人性的，值得深思其中意義。非常可惜的是，在基督教會，很少有教會鼓勵信徒學習耶穌背十字架走苦路的靈修功課，包括我在內都是，說來很慚愧。我有三次帶信徒去長崎五島列島參訪，也只有一次帶信徒走了上述福江島天主堂旁邊的那條平坦苦路。

但是，我知道全台灣所有天主堂內的兩邊牆壁上，都有耶穌行苦路的圖案，有繪畫的，也有雕刻的，最可愛的是每個天主堂的圖案都不一樣，可看出其用心之深。

當你有空時，不妨去鄰近的天主堂，進去先靜坐下來，沉思十分鐘後，才逐一來觀賞，從第一站圖案「無罪的耶穌被判死刑」開始，到最後一站圖案「將耶穌安葬在墳墓中」為止，相信這對你心靈的淨化必定會有極大的幫助。

＊編注：本書出現的聖經名詞（例如章節名、人名）在全書首次出現時，以基督新教、天主教通用譯名對照的方式呈現，方便讀者閱讀。本書的聖經經文採用《現代中文譯本修訂版》。

不要隨別人的聲音起舞

第1站✦無罪的耶穌被判死刑

羅馬總督彼拉多被逼到不得已，只好判處耶穌釘十字架的死刑。

每逢逾越節，總督照慣例為群眾釋放一個他們所要的囚犯。那時，剛好有一個出了名的囚犯叫耶穌巴拉巴。所以，群眾聚集的時候，彼拉多問他們：「你們要我為你們釋放哪一個呢？耶穌巴拉巴呢？還是那稱為基督的耶穌？」彼拉多明明知道他們是出於嫉妒才把耶穌交給他的。彼拉多開庭審判的時候，他的夫人派人來告訴他說：「那無辜者的事，你不要管，因為我昨晚在夢中為他吃盡苦頭。」

祭司長和長老挑唆民眾，他們就要求彼拉多釋放巴拉巴，把耶穌處死。總督問他們說：「這兩個人當中，你們要我釋放哪一個呢？」他們回答：「巴拉巴！」彼拉多問他們：「那麼，我該怎樣處置那稱為基督的耶穌呢？」他們都喊：「把他釘十字架！」彼拉多問：「他到底做了什麼壞事呢？」他們更大聲喊叫：「把他釘十字架！」

彼拉多看那情形，知道再說也沒有用，反而可能激起暴動，就拿水在群眾面前洗手，說：「流這個人的血，罪不在我，你們自己承擔吧！」群眾異口同聲說：「他的血債由我們和我們的子孫承擔！」於是彼拉多釋放巴拉巴給他們，又命令把耶穌鞭打了，然後交給人去釘十字架。

——馬太（瑪竇）福音27章15–26節

我們非常熟悉一個名詞：冤獄。自古以來，這名詞和事件沒有間斷過，即使是在所謂的「民主國家」也一再發生，更不用說獨裁國家，必定更為嚴重。而隨著時代的演進，有越來越多國家逐漸採取廢除死刑的法律，為的就是盡可能避免因為冤獄而造成另一次加害無辜者生命的事情重演。

到目前為止，全世界廢除死刑的國家共有一百零五個。有的是保留死刑，卻已經超過至少十年以上時間沒有執行過死刑，這樣的國家有四十九個。有些國家是法律上保留了死刑，但只用在特殊條件上，而這通常是和戰爭、種族滅絕、叛亂等行為有關，這樣的國家有六個。

換句話說，在全世界一百九十三個國家當中，有超過四分之三的國家已經不再執行死刑。在這些不再有死刑的國家中，並不是只有所謂非常「現代化」或是「已開發」的國家，美國、台灣都還有死刑，且會執行；反而是許多貧困國家，包括非洲的加彭、剛果、南非、盧安達、納米比亞、莫三比克，以及亞洲的東帝汶、尼泊爾等在內，都已經廢除死刑了。

這些國家當中，值得注意的是南非，當廢除黑白種族隔離政策、黑人開始執政時，該國執政的黑人就採取了廢除死刑的做法，並「寬恕白人所犯的過錯」。這點可從黑人領袖屠圖大主教（The Most Rev. Desmond Tutu）所寫的《沒有寬恕就沒有未來》（*No Future Without Forgiveness*）一書可看出來。

為什麼會有這麼多國家想要廢除死刑呢？這可說是現今世界的潮流，當然有許多因素，而其中一個主要原因，就是不想造成冤獄，特別是因為冤獄而造成殘害另一個生命的惡果。因為無論我們有多少科技儀器可以作為鑑定依據、有許多治安人員努力將罪犯在很快時間內逮捕歸案，還是會有百密一疏的事發生。這就像人類發射衛星上太空，無論發射過多少次、衛星有多麼精密，還是會發生才剛發射上去不久就爆炸的事情一樣。

因此，越來越多民主國家會認真思慮到，生命是很神聖的事，萬一在調查過程中有差錯，或是在考慮上有欠周延而導致誤判死刑，這無異等於變相地殘害了另一個生命，很難使執行者心裡有安寧。

耶路撒冷的冤獄事件

聖經中冤獄的事件非常多，其中幾個很有名的故事，如約瑟（若瑟）、先知耶利米（耶肋米亞）、使徒保羅（保祿）等，都是例子。四本福音書都有記載耶穌受難記，作者們都非常清楚在說明一件事：猶太人領袖向羅馬總督彼拉多控告耶穌自稱「猶太人的王」，這種罪名是指耶穌就是「叛亂分子」，或說他是「革命分子」，這對當時羅馬帝國統治者來說，是絕對不會輕易放過的罪名。

因此，彼拉多問耶穌說：「你是猶太人的王嗎？」耶穌很清楚地回答：「這是你說的。」緊接著彼拉多發現，對於祭司長和長老控告自己的罪名，耶穌一概保持緘默，這讓彼拉多感到不解地對耶穌說：「你沒有聽見他們控告你這許多事嗎？」

耶穌不回答的原因，是耶穌知道那些罪名都是捏造的，不是事實，即使回答也沒有用，因為他們會故意捏造這些罪名，只有一個目的，就是非要讓耶穌死，且是死在十字架上，才甘願罷休。而羅馬總督彼拉多之所以認為耶穌並沒有犯任何該死的罪，是因為他在審理耶穌的案件時，知道猶太人領袖們是出於「嫉妒」才會以「自稱猶太人的王」的罪名控告耶穌，讓彼拉多不得不處理。

彼拉多並不想掉入猶太人領袖們的圈套，甚至還用統治加利利省的希律安提帕王作連帶保證，表示根本查不出耶穌有犯任何罪。因此，彼拉多曾提出要用鞭打來取代死刑（參考路加福音23:15-16），但猶太人領袖煽動群眾大力拒絕。

然而，彼拉多不願放棄釋放耶穌的努力，他想利用一個羅馬帝國統治巴勒斯坦猶太人時的莫名傳統，就是每逢逾越節都會釋放一個囚犯給猶太人。會有這樣的傳統，應該是和統治者的巧計有關，就是羅馬統治者會先把認為有嚴重問題的囚犯抓起來關著，這種囚犯通常都是革命分子，這些人也是猶太人非常關注的對象。在猶太人心目中，這種人往往會被當成民族「英雄」看待，會想盡辦法救援他們出監牢。

此外，逾越節是猶太人最重大的節期，耶路撒冷城聚集的人群會多達五十萬人以上，常有激進黨派的人利用這機會，煽動猶太人武裝起來反抗外族統治者，若因此起了暴亂，很難壓制下來。因此，羅馬統治者就利用逾越節釋放這種囚犯，讓猶太人在大節期中自我控制、約束不作亂，好讓他們心中的民族英雄可以有機會釋放出來。但是否要這樣做，並沒有明文規定，端看統治者的決定。

這時彼拉多手上有一個「出了名的囚犯」，名叫「耶穌巴拉巴」，這名字是根據一本古老的聖經抄本所記下來的。在亞蘭文中「巴拉巴」的意思是「阿巴之子」，這樣讀起來就像「阿爸之子」。在猶太人社會中，稱呼一個人為「阿爸」，代表著他是偉大的拉比或老師。由此看來，巴拉巴不太可能是強盜，比較可能是一位參與政治運動的活躍分子，被大家所尊崇，可能因為參與叛亂活動，而遭到逮捕入監。

根據〈馬可福音〉（馬爾谷福音）的記載，說巴拉巴是「跟一些在暴亂中殺人的叛徒關在一起」（15:7），而〈路加福音〉則是說巴拉巴「曾在城裡作亂，並且殺過人，因此被下在監獄裡」（23:19）。這些描述都很清楚說出這位「巴拉巴」極有可能是屬於猶太人「激進黨派」的一員，因參與暴亂而被逮捕。彼拉多利用這機會，提出：「你們要我為你們釋放哪一個呢？耶穌巴拉巴呢？還是那稱為基督的耶穌？」

這時有一些猶太人領袖滲透在民眾中，煽動民眾要喊出「我們要巴拉巴，把耶穌處死」這樣的呼叫。結果大出彼拉多的意外，群眾竟然大聲呼喊要釋放巴拉巴！〈路加福音〉作者特別描述，說彼拉多連續問了三次，他還是想要釋放耶穌，所以一而再地勸解群眾，但這樣做顯然沒有效果。〈路加福音〉作者說彼拉多為了討好群眾，於是「群眾繼續大聲喊叫，堅持把耶穌釘十字架；他們的呼喊終於得勝」（23:23）。

而〈約翰福音〉(若望福音)也這樣描述彼拉多的做法，就是當群眾高喊要將耶穌殺掉、釘十字架時，他問群眾說：「要我把你們的王釘在十字架上嗎？」此時祭司們卻回答說：「只有凱撒是我們的王！」祭司長們這樣回答，是違背了他們平時對民眾的教導——上帝才是以色列民族的王，這些世上的王只是被上帝賦予管理的責任。即使到現代，在以色列，仍然有不少嚴謹保守這種傳統信仰的猶太人，不承認現有政治制度上的領導者(如總統、首相、議會議長等等)是他們的領袖。

被挑唆的民眾

開頭引述的〈馬太福音〉經文提供了一則非常特別的資料，就是在彼拉多準備開庭、為耶穌案件做最後審理時，他的妻子卻派人來告訴他說：「那無辜者的事，你不要管，因為我昨晚在夢中為他吃盡苦頭。」

當時羅馬帝國已經允許派駐地方的省長可以帶著家眷去赴任，而通常當妻子的都會盡可能不干預政事。可是有很多屬下官員或是地方仕紳喜歡與高官夫人來往，因為深信她們會影響丈夫的決策，這點從舊約拔示芭(巴特舍巴)影響大衛(達味)決定傳承王位給所羅門（撒羅滿）就是個例子。

而夢，這是西亞和東方地帶很受重視的生活文化，會被看成和上天的啟示有密切關係。約瑟（若瑟）的故事充滿了「作夢」與「解夢」這種內容。而耶穌的出生，也帶出了夢境的濃厚背景（參考馬太福音1:20）。

因此，彼拉多知道，若想要繼續維護耶穌、甚至無罪釋放他，很可能會因而引起暴動，若此，不但他的官位會保不住，更可能會使他的家人連帶遭受懲罰。因此，他做了一個很特別的動作，就是命令手下拿水盆過來，他就在群眾面前洗手，並且大聲宣告：「流這個人的血，罪不在我，你們自己承擔吧！」而群眾也異口同聲回應彼拉多說：「他的血債由我們和我們的子孫承擔！」就這樣，彼拉多釋放了巴拉巴，同時命令鞭打耶穌，然後將耶穌交給屬下去執行釘十字架的死刑。

注意〈馬太福音〉27章18節，說彼拉多明明知道猶太人領袖「是出於嫉妒才把耶穌交給他的」。這「嫉妒」一詞，可說是罪惡的原動力，就像該隱（加音）「生氣」（也可作「嫉妒」解釋，參考創世記4:5）上帝接納他弟弟亞伯（亞伯爾）的祭物，卻不接納他的奉獻一樣，因此生出「嫉妒」之心，進而萌生殺機。

這也說明了耶穌並不是犯了什麼該受懲罰的罪，而是因為這些宗教領袖「嫉妒」

耶穌，才把耶穌移送到羅馬統治者手中去受審，並且要求彼拉多用羅馬帝國只針對叛亂犯才會用的「十字架死刑」來處置耶穌。叛亂，這是屬於政治性的層面，當猶太人領袖召開宗教法庭會議（「三和林議會」）裁決耶穌必須處死時，罪名是「侮辱了上帝」（參考馬太福音26:65），但當他們把耶穌送到彼拉多那裡時，卻是用這種含有深厚政治意味的罪名來控告他。

〈路加福音〉23章2節、5節說，他們指控耶穌從加利利開始，沿路到耶路撒冷，所經之處都在煽動人民不要繳稅給羅馬皇帝，又自稱是「王」，這和他們在宗教法庭所裁決的罪名完全不同。福音書作者清楚提到猶太人領袖滲透在群眾中「挑唆民眾」，而「挑唆」這詞是含有造假之意。這就說出了一個重要問題：這些猶太人宗教領袖明明知道「不可作假證陷害人」（參考出埃及記／出谷紀20:16），但他們卻故意這樣做，就是非要置耶穌於死地不可！

為什麼這些猶太人領袖非要這樣不可？並不是因為耶穌進入耶路撒冷之後，搗毀在聖殿外院所進行的骯髒商業行為，或是在聖殿各處進行教導民眾的工作，這只是近因，主要原因是他們感受到耶穌的出現，對他們帶來很大的威脅，且是早在耶穌出現在迦百農，一到安息日就進入會堂教導民眾開始，就已經讓他們感到威脅了，因為民眾認為耶穌的教導比他們還有權威，就像新約所記載的：「他們來到迦百農城；安息日一到，耶穌進會堂教導人。聽見耶穌教導的人都很驚奇，因為他的教導滿有權威，和一般經學教師不同。」（馬可福音1:21-22）

也因為這樣，當耶穌還在加利利時，耶路撒冷的宗教管理當局，就曾差派經學教師和法利賽人特地到加利利去查看究竟（參考馬太福音15:1），想知道傳言中的耶穌到底是在傳講些什麼？憑什麼方法顯示他擁有特殊能力？他們發現民眾非常喜歡耶穌，每當他出現在一個地方，總是會有民眾圍繞在他身邊，因此，在耶穌醫治好被鬼附身的人，而群眾驚嘆耶穌的能力時，他們就故意在民眾當中公開說耶穌是「被別西卜附身！他是靠鬼王趕鬼的！」（馬可福音3:22）

當耶穌在耶路撒冷聖殿教導民眾時，這些平時喜歡號令民眾、顯示自身權威的猶太人領袖，簡直無法想像聽了耶穌教導後所帶來的震撼力，連他們自己都說：「這個人沒有跟過老師，怎麼會這樣有學問呢？」（約翰福音7:15）

另有一種看法，認為這些猶太人領袖之所以「嫉妒」，也許跟耶穌進入耶路撒冷時，群眾夾道歡迎、高聲歌頌上帝有關，特別是當祭司長和經學教師看見耶穌行了許多奇蹟，又聽見兒童在聖殿裡呼喊：「頌讚歸於大衛之子！」（馬太福音21:15）他們就很受不了而惱羞成怒，因為「大衛之子」的意思，是說耶穌就是上帝差派到世上來拯救猶太人的君王（參考以賽亞書／依撒意亞 11:1, 10-11）。這些從民眾反應所累積起來的歌頌讚美之聲，就是一股很難抵擋的壓力，直衝著猶太人領袖而來，這可能就是引起他們嫉妒之因。

群眾的呼喊往往是盲目的

當耶穌公然在屬於祭司和經學教師地盤的聖殿所在地，將擺設在那裡的攤販都推倒在地，並且拿起鞭子把牛羊都從聖殿外院趕出去，然後大聲斥責那些商人，要他們「把東西都搬走」，不要把敬拜上帝的聖殿「當作市場」，且是變成「賊窩」（參考約翰福音 2:16，馬可福音 11:17）。注意「賊窩」，這是指欺騙、不誠實。

不但這樣，耶穌還禁止「任何人扛抬雜物在聖殿的院子穿來穿去」（馬可福音 11:16），但就在這時候，祭司長和經學教師等猶太人宗教領袖，一聽到耶穌說這樣的話，就很火大，因為耶穌這樣公然指責，等於拆了長久以來這個以聖殿為掩蓋、寄生圖謀私利的地方，若不趕緊將耶穌除掉，恐怕他們以後再也無法混下去。他們是真的想要殺害耶穌，但又懼怕他，因為群眾都欽佩耶穌的教導（參考馬可福音11:18）。

從這裡可以看出猶太人領袖的內心，他們是怕群眾，卻不怕上帝，這點才是信仰上最大的問題，跟使徒保羅說他自己「不討好人，只求取悅那位察驗我們內心的上帝」（參考帖撒羅尼迦／得撒洛尼前書2:4），二者之間確實是有很大的差別。

把耶穌「釘十字架」，這是每當彼拉多問他們該怎樣處置耶穌時，民眾連續回答的要求。〈路加福音〉作者在23章22節說，彼拉多連續三次問民眾說：「他究竟犯了什麼罪呢？我查不出他有該死的罪狀。」

但這時的民眾已經失控了，他們的聲音越來越大，就像〈路加福音〉作者所說的：「群眾繼續大聲喊叫，堅持把耶穌釘十字架；他們的呼喊終於得勝。」（23:23）這句「他們的呼喊終於得勝」是多麼令人感到心寒的一件事啊！群眾大聲喊叫，竟然可以把事實真相淹沒，這豈不也是近代許多獨裁統治者使用的方法嗎？甚至在所謂自由民主國家的媒體操弄控制之下，也常會發生這種盲目多數意見的現象，不是嗎？用現代的語言來說，就是「網紅」操控著社會輿論導向。

當彼拉多在盆子裡洗手以表示他和此事無關時，我們看到群眾異口同聲說：「他的血債由我們和我們的子孫承擔！」這句話的意思是指他們願意承擔殺害無辜者的責任。不但這樣，他們還表示為了對此事負責，甚至連他們的「子孫」也可承擔殺害無辜者的罪！這是非常嚴重、也很不應該的行為，有誰可以把自己做錯的事，讓後代子孫也傳承下去？

先知耶利米曾對他那時代的人民說，誰做事，就由誰負責，每個人要因自己的罪過死亡（參考耶利米書31:30）。但現在這些人為了達到殺害耶穌的目的，卻可以讓這個罪禍延子孫，真是殘忍的誓言啊！彼拉多最後作出判決：釋放巴拉巴，釘耶穌十字架。這就是〈路加福音〉所強調的：「於是彼拉多照著他們的要求宣判。」（23:24）

就這樣，耶穌被釘死在十字架上。表面上看起來，猶太人領袖的目的是達到了，是贏了，他們除掉了耶穌，他們可以安心地繼續在猶太人當中為所欲為，沒有任何人可以再阻擋他們、指責他們所犯的錯誤。但上帝並沒有因為這樣就停止拯救工作的計畫，沒有這回事！上帝總是在人看不見的時候、看不見的地方，運行祂奇妙的拯救工作，以及嚴懲這些猶太人領袖犯罪的惡劣行徑。上帝一定會報應的，這也是聖經給我們的教導。

其實也可這樣了解：群眾呼喊的聲音往往是盲目的，有很多人擠在群眾當中，根本不曉得人家在講些什麼，只會跟著別人的聲音叫喊，這也是為什麼有人會說群眾的智商只有三歲小孩的程度而已。很多政客喜歡在群眾大會中操弄政治議題，也是這個原因。

因此，一個有真實信仰的人，一定會小心研判群眾大聲呼喊的聲音是否真實，也會注意是否有人滲透在群眾當中，煽動、攪亂人心，鼓動民眾盲目跟從。只有這樣，才不會犯了猶太人所犯的過錯。更重要的是，千萬別說出「流別人血的血債可以由子孫承擔」這種不負責任的話。

這就是教會傳統中耶穌走向各各他苦路的第一幅圖畫，表示總督彼拉多終於熬不過猶太人群眾大聲呼喊的聲音，順從民眾的意思作出裁決，把耶穌釘上十字架處死。但彼拉多為了表示雖然是他作出裁決，但這個殺害耶穌的罪，他要猶太人自己承擔。因此，他命令士兵拿水給他清洗雙手，這種方式有點類似〈申命記〉21章6至9節的摩西（梅瑟）法律規則，表示和所發生的事無關（參考詩篇／聖詠26:6）。

彼拉多以這種傳統中公開洗手的方式，來表明殺害無辜者耶穌的罪不在他，而是在所有的民眾，他藉著洗手要他們自己「承擔」這個重大的罪責。或許他也是想用這種方式讓他的妻子安心吧。

經文默想

1. 有否想過錯誤的司法判決會導致殘害無辜生命的事件？在過去，類似的事件頻頻發生在我們的社會中，今天是否還存在？從二〇一八年開始，台灣成立了「轉型正義」，希望能使過去因為戒嚴時代而導致的許多冤獄事件能夠獲得平反。你對此事的看法如何？

2. 我們是否也會像猶太民眾一樣，在不明就理的情況下，隨著別人的聲音起舞，結果卻傷害別人，甚至使無辜者受苦？

3. 我們常聽到的一句話是「依法辦理」，但有些法律是在很早時代訂立的，並不適合今天的時代。也常因為「依法辦理」，這「法」的解釋往往因人而異。彼拉多是想依法辦理，卻因為群眾的呼喊聲而屈服。我們今天的輿論是否也會造成這種現象？

祈禱文

天上的神，祢是生命的主，而我們是軟弱的人。在我們生活的社會環境中，經常會發生不公義的事，我們卻常常沉默不語，要不就是跟著別人吶喊，卻因此在不注意當中殘害他人的性命，特別是在這科技發達的時代，有許多人利用這點散播不實消息，影響我們的判斷力，懇求天上的神寬恕、赦免我們。

我們懇求祢賜給我們聰明的智慧，能夠辨別是非，不跟著不清楚的事搖旗吶喊。讓我們成為社會安寧的一盞燈光，導引我們身邊的人也成為別人的幫助。謝謝祢的恩典。

在苦難中獲得生命力量

第2站✦耶穌背起十字架

羅馬總督彼拉多將耶穌發交給士兵，將他帶去釘十字架。

耶穌和門徒往凱撒利亞．腓立比附近的村莊去。在路上，他問他們：「一般人說我是誰？」他們回答：「有的說是施洗者約翰；有的說是以利亞；也有的說是先知中的一位。」耶穌又問他們：「你們呢？你們說我是誰？」彼得回答：「你是基督。」於是，耶穌吩咐他們千萬不要把他的身分告訴任何人。

耶穌開始教導門徒說：「人子必須遭受許多苦難，被長老、祭司長，和經學教師棄絕，被殺害，三天後將復活。」他把這些事說得清清楚楚。彼得就把耶穌拉到一邊，要勸阻他。耶穌轉過身來，看看門徒，責備彼得說：「撒但，走開！你所想的不是上帝的想法，而是人的想法。」

於是，耶穌叫群眾和門徒都到他跟前來，告訴他們：「如果有人要跟從我，就得捨棄自己，背起他的十字架來跟從我。因為那想救自己生命的，反要喪失生命；那為我和福音喪失生命的，反要得到生命。一個人就是贏得了全世界，卻賠上了自己的生命，有什麼益處呢？他能夠拿什麼來換回自己的生命呢？在這淫亂和邪惡的時代裡，如果有人以我和我的話為恥，人子在他父親的榮耀中和他的聖天使一起來臨的時候，也要以他為恥。」

耶穌又對他們說：「我鄭重地告訴你們，站在這裡的人，有的在死以前會看見上帝的主權帶著能力實現。」

——馬可福音8章27節-9章1節

十字架，這名詞的希伯來文是「樹樁、樹木」之意，在希臘文則是指「木樁」。它的意思是指將犯人用繩索或是釘子固定在這木頭上，直到犯人死去。因此，這是一種刑具，也是〈申命記〉所提到的刑罰之一。

古時的以色列人處罰死刑犯的一種方式，就是先用石頭把死刑犯打死（參考申命記13:10、17:5），然後把屍體掛在柱子上，但當天太陽下山前就要收屍埋葬，以免汙染了土地（參考申命記21:22-23）。原本是只有豎立的一根木樁，後來為了方便施刑而在上面加上一支橫木，就成為T字型的刑具，後來又演變成十字形狀。

最先使用這種十字架當作刑具的，是波斯人，後來希臘人傳承下來，用來對付奴隸或是社會中低階層的勞工、農民。直到羅馬帝國時代接續使用這種刑具時，對象只限定「非羅馬公民」。因此，羅馬帝國統治巴勒斯坦後，就用十字架的苦刑來懲罰搶劫、叛亂或暴動的非羅馬公民。這也是猶太人領袖為了羞辱耶穌是個政治叛亂犯，就以「煽動人民不要向皇帝納稅」為理由控告他的原因（參考路加福音23:2, 5）。

猶太人領袖一定要用十字架處死耶穌的原因，是羅馬政府在使用十字架之刑時，會先有一些羞辱死刑犯的動作，包括吐口水、鞭打等各種方式。當囚犯扛著十字架前往刑場時，沿途民眾也會跟著丟擲石頭與穢物、大聲辱罵等。猶太人領袖就是希望看見耶穌受到這樣的侮辱，好平息他們心中的恨。

這種恨是長久累積而來的嫉妒，彼拉多也很清楚猶太人領袖會將耶穌移送給他，就是因為嫉妒。他們對耶穌的嫉妒包括了很多層面，例如民眾喜歡聽耶穌傳講上帝國的信息、耶穌有極大的能力可行神蹟奇事，他們更痛恨耶穌做了他們認為最不該做的事，就是在安息日治病，並且在群眾聚集最多的聖殿外院，在群眾面前公開指責猶太人領袖將聖殿變成賊窩等等。因此，他們想盡辦法要求彼拉多一定要用十字架這種極度羞辱一個人生命尊嚴的刑罰作為報復。結果他們得逞了！

但是，人的想法經常和上帝的想法有極大的差異，這也是先知以賽亞（依撒意亞）所說的信息——上帝的意念與道路，都和人的意念與道路大不相同，差距有如天和地之間的差距那樣大（參考以賽亞書55:8-9）。這點從使徒保羅所說的話就可理解，他說：

上帝運用他的智慧，使世人不能夠藉著自己智慧去認識他；相反地，上帝決定藉著我們所傳那「愚拙」的信息來拯救信他的人。猶太人要求神蹟，希臘人尋求智慧，我們卻宣揚被釘十字架的基督。這信息在猶太人看來是侮辱，在外邦人看來是荒唐。可是在蒙上帝選召的人眼中，不管是猶太人或希臘人，這信息是基督；他是上帝的大能，上帝的智慧。（哥林多／格林多前書1:22-24）

從這裡可看出，當時沒有人會喜歡十字架，聽到這名詞就會很不舒服，因為第一個想到的是苦刑，且是最痛苦的刑罰。因此，把十字架和上帝的拯救連結起來，簡直是難以想像的觀點。但使徒保羅卻這樣堅持，並且說上帝的大能會把世人看為醜陋、羞恥、愚拙等記號的十字架，變成拯救恩典的記號。

這也是為什麼使徒保羅會這樣說：「因為我拿定了主意，當我跟你們在一起的時候，除了耶穌基督和他死在十字架上的事以外，什麼都不提。」（哥林多前書2:2）如今，這十字架成了今天基督教會的共同記號，也是世界紅十字會、醫院等地的記號，它都在表示「拯救生命的地方」。

走向受難之旅

本章開頭所讀的這段經文，是耶穌對跟隨他的門徒和民眾所說的話，也是前三本福音共同記載耶穌帶領門徒前往耶路撒冷途中，對門徒第一次提起此趟行程會遇到十字架苦難的記事。現在，他先前對門徒的預言已經實現，彼拉多為了討好民眾，做出判決：釋放了巴拿巴，命令將耶穌「鞭打了，然後交給人去釘十字架」（參考馬可福音15:15）。

馬太、馬可、路加這三本福音書，都有記載耶穌帶他的門徒到耶路撒冷去過逾越節。在旅途中，耶穌有三次跟門徒提起，此趟去耶路撒冷過節時，會在當地宗教領袖的手下受難死去，但三天後將會復活。只是他在第一、二次提起時，都沒有提到十字架，唯有第三次他很清楚地跟門徒說：

你們要知道，我們現在上耶路撒冷去，人子將被出賣給祭司長和經學教師；他們要判他死刑，然後把他交給外邦人，他們要戲弄他，鞭打他，把他釘十字架；但第三天，他將復活。（馬太福音20:18-19）

雖然前面兩次都沒有提起十字架，但單單提到去耶路撒冷受難死亡、復活的事，就讓門徒感覺很不對勁。雖然他把這些事對門徒說得清清楚楚，但門徒還是不明白他說這些話的意思。因為他們和耶穌走遍加利利各鄉鎮去傳福音時，所看見的都是群眾一聽到耶穌來，就會從各地蜂擁而來，不只是想聽耶穌傳講上帝國的信息，也希望身體的疾病能得到醫治。

耶穌的名聲早已傳遍了整個加利利地區和猶大各地。換句話說，整個巴勒斯坦地區都在傳頌著有關耶穌的各種事蹟。這樣的耶穌怎會遇到死亡的威脅，甚至是釘十字架的死亡？不會，絕對不會！這幾乎就是當時耶穌門徒和跟隨群眾的共同認知。

因為這樣，在這段經文中出現的耶穌忠心的門徒彼得（伯多祿），在第一次聽到耶穌說要去面對耶路撒冷的死之後，隨即出手把耶穌拉到一邊，要阻止耶穌繼續前往耶路撒冷，他勸阻耶穌說：「不！主啊，這事絕不可臨到你身上！」（馬太福音

16:22）其實也可以這樣了解，想要阻止耶穌繼續前進的，應該不只有彼得一個人而已，因為〈馬可福音〉9章32節也記載說，當時門徒們聽了耶穌所說的話，但仍不明白是什麼意思，卻又不敢問：

他們在上耶路撒冷去的路上，耶穌走在前頭。門徒心懷戒懼；其他跟著的人也都害怕。耶穌再一次把十二使徒帶到一邊，告訴他們將要發生在他身上的事。（馬可福音 10:32）

從這段話就可以看出，門徒們確實很害怕真的要去耶路撒冷，因為猶太人領袖會用「石頭」把死刑犯活活打死，這已經被認為是很殘酷的刑罰了，而耶穌特別強調他會被交給「外邦人」審判，這樣只會更殘酷，而比石頭打死更殘酷的，只有釘十字架之刑。當時的人只要一聽到「十字架」的死刑，就會全身顫抖地冒出冷汗來。

因此，可以想像彼得出面把耶穌拉到一邊去，想要阻擋耶穌去耶路撒冷，其他門徒中一定也有人支持彼得，這就是為什麼耶穌會用斥責的口氣，對彼得大聲說：「撒但，走開！你所想的不是上帝的想法，而是人的想法。」這也是前面提過的，上帝的意念和人的意念相差之遠，有如天和地之間的差距一樣。耶穌此時若不即刻阻擋反對他繼續前進的行動，門徒和跟隨他的民眾一定會串連起來，這會讓他受到更大的阻力，而耶穌是堅持要去耶路撒冷、完成上帝給他的使命（參考路加福音9:31）。

耶穌認為有必要讓門徒和民眾們清楚知道，此趟走向耶路撒冷之旅，會遇到生命受難的問題，他要讓跟隨在身邊的所有人作個明確的選擇，若是因為有十字架的苦難等候著，會怕，或是不想接受，就可趁此時還沒到達目的地之前，就先離開。

彼得的阻止

當耶穌說「人子必須遭受許多苦難」，他用的「人子」一詞，是引用舊約〈但以理書〉（達尼爾）7章13至14節，是指上帝所差派、來到世上的拯救者。後來猶太人宗教法庭審判耶穌時，耶穌也是引用〈但以理書〉的這句話，清楚表示自己就是「上帝的兒子」，大祭司也因此大為忿怒，隨即判決耶穌褻瀆上帝之名，是該死之罪（參考馬可福音14:62-63）。

讓大家感到不解的是：既然是上帝差派來世上的拯救者，又怎麼會受難呢？這一點也是猶太人迄今一直無法理解的事。也因為這樣，他們拒絕承認耶穌就是上帝差遣到世上來的拯救者、彌賽亞（默西亞，意即救世主）。

這和猶太人長久以來所期盼的拯救者之認知有關，他們並不是期盼一個軟弱到會受難的拯救者，而是希望看見一位強壯有力的大將軍出現，要像大衛王那樣，可以帶領猶太人打敗統治他們的羅馬帝國，重現以色列民族的光榮；至少也要像公元前一六五年出現的馬加比一樣，帶領猶太人抵抗並打敗了希臘敘利亞王安提阿哥四世（**Antiochus IV Epiphanes**）的軍隊，將希臘軍隊逐出巴勒斯坦，之後宣布獨立建國。然而，耶穌卻是扮演一個弱勢到如同「僕人」一般的角色（參考馬可福音**10:45**），還會在統治者羅馬人手中受難，這是他們最無法接受的事。

前面說過，彼得為了阻止耶穌繼續前往耶路撒冷，有了特別的動作，就是伸出強力的手想要把耶穌拉到旁邊，用意很清楚，是不想讓耶穌繼續講下去，更不想讓耶穌繼續往耶路撒冷的方向走去，他甚至用帶有責備的語氣大聲喊叫，像是在告訴耶穌：「既然這樣，我們就不要去！」

為什麼彼得要這樣阻止呢？有可能他的想法和一般猶太人的想法一樣，而其他門徒也不例外。換句話說，耶穌這些門徒的想法，就是當時猶太人普遍的認知。所以後來有人說，猶大會出賣耶穌，其中的一個原因就是這個。當他帶領聖殿警衛去客西馬尼園抓補耶穌時，若是耶穌能立即顯示一個神蹟，就可讓所有猶太人相信耶穌就是他們期盼已久的拯救者。猶大的動機很可能是想要逼耶穌顯示神蹟，結果他失望了。

這種想要擁戴耶穌當王的事，可以從〈約翰福音〉第6章記載耶穌用五餅二魚餵飽超過五千人的神蹟看出來；當時的群眾就是看到耶穌行了這件奇妙的神蹟，就認為耶穌「一定是那要到世上來的先知」，大家想要拉住他去當猶太人的「王」，但耶穌很清楚知道群眾在想的，他隨即避開了群眾，獨自到山上去（參考約翰福音6:14-15）。

因此，可以理解耶穌為什麼要對跟隨他的門徒和群眾說這些話，要他們先把跟隨他可能會遇到的苦難連起來想想，估量一下自己是否能夠承擔，而這擔子就是十字架的苦難。耶穌確實希望這樣能導致群眾逐漸散去，不再跟隨。確實，曾經有人因為聽不進耶穌所說的信息，決定退出（參考約翰福音6:66）。

當彼得出自善意地拉住耶穌，並且大聲說「不要去」時，耶穌不僅沒有感謝彼得的好意，反而說他是「撒但」。「撒但」的意思，就是想要阻止人認識上帝救恩的力量（或是工作者），它最喜歡透過身邊最親密的人來阻止人接近上帝。而彼得一直被認為是耶穌身邊最核心的門徒之一，撒但若是透過彼得來阻止耶穌去耶路撒冷，是最容易隱藏、不易被發現的做法，這樣就可以達成它所圖謀的事。

但耶穌一眼就瞧出撒但的詭計，因為耶穌並不是一般人，他是上帝的兒子，他可以清楚知道人的心思意念（參考馬太福音9:4、12:25，馬可福音2:8、8:17，路加福音11:17），也清楚知道撒但就隱藏在人的生命中。因此，耶穌馬上回應彼得，說他所想的是人的想法，因為這正是人間最普遍、最容易阻止人聽從上帝話語的方式，也就是動用有如「兒女私情」的關係，彼得表露出來的，就是師生間緊密的感情。

「捨棄自己」的決心

除了立即斥責彼得外，耶穌又把門徒和所有跟隨他的群眾都叫到他跟前，讓他們都有一個清楚的認知，就是任何要跟從他的人，都必須先要有「捨棄自己」的決心。所謂的「捨棄」，就是「否認」之意。因此，「捨棄自己」也等於否認自己。這到底是什麼意思？

我們先了解一件事，耶穌來到世界上，就是在傳遞上帝國的信息，而上帝國的意思，是以上帝為我們生命的中心。因此，當一個人知道「捨棄自己」時，就是知道且願意把自己的生命交在上帝手中，不再是以自己為中心、為主，而是以上帝為生命的主宰。

一個人想要進入上帝國，就必須先把自我中心的思想拋棄掉，否則就很難認識上帝國的堂奧。只有當跟隨者心中有了「捨棄自己」的決志之後，才會心甘情願地「背起自己的十字架來跟隨」他。誰要跟隨耶穌，誰就要先把自己的「罪」和會帶來死亡的「罪狀」都扛起來。這些「罪狀」也代表著人類生命的苦難，而這些苦難與罪的代價有密切的關係（參考羅馬書6:23）。耶穌就曾說過這樣的話：

> 來吧，所有勞苦、背負重擔的人都到我這裡來！我要使你們得安息。你們要負起我的軛，跟我學，因為我的心柔和和謙卑。這樣，你們就可以得安息。我的軛是容易負的；我的擔子是輕省的。（馬太福音11:28-30）

沒錯，罪帶給人的生命負擔，是重的，是痛苦的。但耶穌說有這種苦難的人都可以來到他的身邊，藉著他，就可以放下這種生命的重擔，這樣的生命就是一種解放。

耶穌在這裡也說「為我和福音喪失生命的」，這句話已經在說明耶穌和福音是連在一起的，他代表著上帝拯救的福音（參考馬可福音1:1），這福音是給所有人的。也因為耶穌的緣故，人才能與上帝重建和好的關係（參考羅馬書3:23-25）。這也說明了羞辱耶穌，等於羞辱了上帝拯救的恩典。因此，為了見證耶穌和福音，即使受到侮辱、傷害，也等於是為了上帝的救恩而受到傷害，上帝一定會回報給這樣的人。耶穌在山上教導門徒時，就曾經這樣說：

當別人因為你們跟從我而侮辱你們，迫害你們，說各樣壞話毀謗你們，你們就多麼有福啊。要歡喜快樂，因為在天上將有豐富的獎賞為你們保存著；從前的先知也同樣受過人的迫害。（馬太福音5:11-12）

這樣的教導，特別是對早期基督教會受盡嚴厲迫害的信徒來說，確實是很大的鼓舞和安慰。

在這裡，耶穌說了一句流行於當時猶太人間的諺語：「一個人就是贏得了全世界，卻賠上了自己的生命，有什麼益處呢？沒有！他能夠拿什麼來換回自己生命呢？」這句話也幫助我們思考一個基本生命價值的問題：我們可以用什麼東西換得生命？耶穌在這裡用斬釘截鐵的語氣說：「沒有！」這裡所說的「世界」，是指物質的東西，特別是指可數的財富。

我們今天的世界，大家都喜歡比財富，看誰是當今全世界最有錢的人，甚至還用排名方式來突顯財富的重要性，這些都是很愚蠢又錯誤的看法。我常說生命絕對不是數字可衡量的，因為這和上帝的創造本意完全不一樣；上帝創造人類是用祂的「形像」（參考創世記1:26），人又怎能用可數的物質財富來數算或換算上帝的形像價值呢？這種做法和念頭只能說是愚蠢至極，一點也不值得欣慕。當人將信仰當作表面的裝飾品時，就會把生命的價值當作數字來換算，這才是生命真正的悲哀！

我常說今天是個欠缺真實信仰的時代，也因為這樣，人們才會把生命的價值當成可數的數字來數算貴賤；也因為沒有真實的信仰，我們的社會就顯得混亂，踐踏生命尊嚴的案例層出不窮，這點從食安事件頻頻出現就可一窺究竟。如果我們能聽從耶穌所說的，懂得「捨棄自己」，並且背起十字架跟隨耶穌，就會看見生命重生的盼望和在苦難中獲得的生命力量。

經文默想

1. 就你所知，當看到十字架時，你覺得它所代表的是什麼意義？你在什麼地方最容易看見十字架？你覺得哪種十字架最符合自己的生命需要？
2. 你覺得生命中最重要的「財富」是什麼？為什麼？耶穌說一個人贏得了全世界，而喪失了生命，有什麼益處？你怎樣看這樣的生命觀？
3. 當彼得出手拉住耶穌，不希望耶穌繼續往耶路撒冷去，結果被耶穌斥責，說他是「撒但」，且說他這樣的舉動是私人的想法，不是上帝的想法。那我們怎樣分別出這二者之間的差異？

祈禱文

慈悲的天父，我們懇求祢的引導，使我們在信仰的生命旅程中，無論遇到多大的苦難，我們都會堅持如同耶穌一樣，將苦難的十字架扛起來。也懇求祢幫助我們知道，跟隨耶穌的腳步走天路所遇到的苦難，是在增強我們的信心和毅力。

謝謝祢的恩典，奉耶穌的名。阿們。

與受欺壓的人站在一起

第3站✦耶穌被戲弄、跌倒

耶穌背負十字架走向各各他刑場時，第一次跌倒在地上。

彼拉多的兵士把耶穌帶進總督府；全隊集合在他周圍。他們剝下耶穌的衣服，給他穿上一件深紅色的袍子，又用荊棘編了一頂冠冕給他戴上，拿一根藤條放在他的右手，然後跪在他面前戲弄他，說：「猶太人的王萬歲！」

他們又向他吐口水，拿藤條打他的頭。他們戲弄完了，把他身上的袍子剝下，再給他穿上自己的衣服，然後帶他出去釘十字架。

——馬太福音27章27－31節

在天主教會呈現出來的苦路圖像中，提到耶穌背十字架走向各各他刑場的途中，曾有三次跌倒在地上，這是第一次。令讀過聖經的人不解的是，聖經中並沒有記載耶穌背負十字架跌倒這件事，卻有這樣的圖畫出現。

會有這種傳說，是早期教父從人的軟弱和有限而構思出來的場景。這很可能是教父們研讀聖經之後深思所得的認知，認為耶穌在背負十字架之前，已先經過猶太最高宗教法庭連夜審問，沒有任何休息，審問到天亮，判決耶穌犯了該死的罪，然後就有大祭司府邸的警衛吐口水在他臉上，又用拳頭打他（參考馬太福音26:67，馬可福音14:65）。之後，猶太人領袖隨即把耶穌轉送到羅馬總督彼拉多那裡受審，他們用叛亂罪控告耶穌，為的就是希望彼拉多將耶穌判處釘十字架的死刑。

彼拉多做出判決後，就命令兵士將耶穌先帶去鞭打（參考約翰福音19:1），然後帶去釘十字架。於是羅馬兵丁把耶穌帶進總督府，就開始一連串的羞辱，用荊棘編織而成的冠冕戴在耶穌頭上，又用手掌打他（參考約翰福音19:3），也用藤條打他的頭。

教父們在閱讀聖經靈修時，進入一種身臨其境的狀態，想到此時的耶穌身體，必定是虛弱到極點。依羅馬政府執行這種叛亂罪釘十字架的規定，受刑人必須自己扛著笨重的十字架走到刑場，沿途群眾夾道觀看，有的人會咒罵，也有的人會為受刑人哀傷。而此時的耶穌已經因鞭打而遍體鱗傷，身體虛弱到極點，要扛著十字架走去各各他刑場，可以想像他的體力已經耗盡，因此，教父們想像耶穌此時筋疲力竭，扛不動而跌倒在地上，這是可以理解的。

羅馬政府所用的鞭子，是用獸皮（通常是牛皮）製作的，皮條表面上會鑲著牛、駱駝、野狼、野狗等動物的堅硬骨頭，這樣的鞭子打在人的身上，通常就是皮肉裂開，甚至會骨頭斷裂。在彼拉多宣判釘耶穌十字架之罪刑時，就已經先命令兵士們將耶穌鞭打一頓了（參考馬可福音15:15）。經過這些折磨，耶穌要扛著沉重的十字架走往各各他，會在路上跌倒，也是可以想像的。再者，當他跌倒時，羅馬士兵一定會再多打幾鞭，就更加重了他身體的孱弱。

混淆民眾的觀感

如果仔細查考福音書的寫法，就會發現判決耶穌死刑的，並不是羅馬總督彼拉多，而是猶太人的宗教法庭「三和林」最高議會。因為該議會是以耶穌犯了褻瀆上帝的罪行，宣判他死刑（參考馬太福音26:65-66），只是他們「沒有權判人死刑」，才將耶穌移送到彼拉多那裡（參考約翰福音18:31），然後以耶穌「煽動」猶太人抗繳稅金給羅馬皇帝的罪名，向彼拉多控告耶穌（參考路加福音23:2, 5）。說穿了，他們是想借用彼拉多的手殺害耶穌罷了。

其實，當猶太人領袖將耶穌押送到彼拉多那裡時，彼拉多很直接地跟他們說：「你們自己把他帶走，按照你們的法律審判他好啦。」但他們不敢，因此他們說：「可是我們沒有權判人死刑。」這句話很清楚，他們需要藉著彼拉多的手來殺害耶穌。

他們說沒有權，這也正確，因為他們是在耶路撒冷城外東邊的橄欖山上，一座搾油工廠（客西馬尼園）抓到耶穌的，這已經脫離了他們擁有的司法裁決權範圍，也就是耶路撒冷聖殿圍牆內。因此，如果他們逕自將耶穌執行死刑，若被發現或被檢舉，恐怕會被羅馬統治者以「殺人罪」判刑。

但也有另一種說法，認為根據羅馬法律，猶太人宗教法庭可以審理危害耶和華宗教信仰的人，甚至可以判處死刑，但沒有執行死刑的權力，這種權力必須取得羅馬統治當局的核准。通常羅馬官員並不想介入猶太人的宗教事務（參考使徒行傳／宗徒大事錄 18:14-15），因為他們認為猶太人在宗教信仰上是狂熱的。

而猶太人最無法忍受的，就是在聖殿和圍牆的外院公開宣揚他們認為有問題的信仰，他們會用石頭將這種人活活打死（判處死刑），司提反（斯德望）就是個例子。但遇到擁有羅馬公民身分的使徒保羅，他們就沒輒了。因為羅馬公民是不受猶太人法律管轄的。

現在，他們移送耶穌給彼拉多，可是彼拉多一審、再審，到第三審都審不出耶穌到底有什麼罪，想要將他釋放時，猶太人宗教領袖祭司長帶著聖殿警衛隱身在群眾當中，大聲喊叫說：「把他釘十字架！把他釘十字架！」（約翰福音 19:6）因為群情激動，彼拉多擔憂群眾失控，最後就依照群眾的呼聲判處耶穌釘十字架的死刑。

從這些記載都可看出，福音書作者想要表達的是，真正殺害耶穌的，是猶太人的宗教領袖，而他們敢這樣不擇手段、非要將耶穌置之於死地，是因為耶穌的出現，確實使得這些宗教領袖長久以來在猶太人社會佔有的既得利益，受到嚴重的威脅，特別是他們和商人勾結，在聖殿外院擺攤開店作買賣，大賺其財，若不趕緊除掉耶穌，他們這些醜陋的惡行，會逐漸被猶太民眾揭發。

因此，他們假借耶穌褻瀆神聖的上帝之罪名，一則可以混淆民眾對他們的觀感，又用假見證控告耶穌涉嫌叛亂之政治罪名，這樣就可以矇騙民眾，誤以為耶穌會這樣激烈地批判聖殿外院的商業行為，是跟耶穌想要製造動亂有關。他們做這一切只有一個目的，就是非把耶穌除掉不可。

人往往會這樣想：只要把不喜歡的對象殺死、除掉，一切問題就都會解決、結束。但事實上並不是如此，特別是在殘害他人性命的這種事上，並不會因為殺死了對方，自己就好辦事，或是心中的痛恨不再出現，不會！因為無論人所設計的害人計謀多麼隱密，鑒察人內心的上帝卻非常清楚人在隱密中所做的一切（參考路加福音12:2），上帝一定會替受冤屈的人伸冤，會施行報應（參考羅馬書12:19-21）。

羅馬士兵一再羞辱耶穌

開頭所讀的這段經文，是記載羅馬總督彼拉多判耶穌死刑之後，命令他的部下把耶穌「鞭打了，然後交給人去釘十字架」（參考馬太福音27:26）。此時彼拉多的兵士就把耶穌帶進總督府裡，然後「全隊集合」在耶穌的周圍。

換句話說，羞辱耶穌的兵士，不是只有一個人，而是集體的行為。這種戲弄耶穌的行為並不是通例，因為嚴謹的羅馬兵丁是不會這樣戲弄一個死刑犯的，因此有些聖經學者認為，這些駐紮在巴勒斯坦地區的羅馬軍隊，多數兵員是從其它統治區徵調來的，這樣他們才不會跟陌生的殖民地人民聯合起來，反抗羅馬政府。

還有，羅馬軍隊向來以殘酷手段對待敵人著稱，耶穌被判處釘十字架之刑，也正好表示他是一位叛亂犯，這種犯人在羅馬軍人眼中，是最不喜歡的對象（因為有人叛亂，他們必須去平亂，也常會在平亂的戰事中喪生），而在殖民區中若遇到小動亂發生，派去平亂的兵員通常不會是正規軍，而是殖民區徵召來服兵役的軍人。因此，也有一些聖經學者認為這些羅馬兵丁會這樣戲弄耶穌，一點也不稀奇，因為這是紓解他們心中不快的另一種方式。

〈馬太福音〉在短短的經文中，非常詳細地描述彼拉多的兵士是怎樣極盡所能地戲弄、羞辱耶穌。

一**是他們把耶穌身上的衣服剝下，然後給他「穿上一件深紅色的袍子」**：根據〈馬可福音〉記載，是說他們給耶穌穿上「一件紫色的袍子」，這句話有些奇怪。因為當時的紫色，可說是最高貴的色料，紫色的袍子只有王公貴族才穿得起。這些羅馬兵丁怎麼可能拿這種袍子給耶穌穿呢？他們要從哪裡拿到這種紫色袍子呢？不太可能。〈馬太福音〉說他們給耶穌穿上的是一件「深紅色的袍子」，這就比較有可能。

當時的羅馬軍官，只要是「百夫長」階級的指揮官，就是披上這種深紅色的袍子。因此，在戲弄耶穌的羅馬兵丁當中，可能有帶領一百名兵丁的百夫長軍官，提供了他身上的紅色軍袍給兵士去戲弄、羞辱耶穌。不過，不論是「紫色的袍子」或是「深紅色的袍子」，可能是用真的布料做成，或果真是羅馬百夫長將自己的紅色披肩當作袍子披在耶穌身上，但這都只是當作道具，為的是要戲弄、羞辱，用來欺負「猶太人的王」而已。

二**是這些士兵用「荊棘編了一頂冠冕給他戴上」**：注意這裡所說的「荊棘」，這是一種有堅硬之刺的草藜，平時若是不小心碰到，就會被割傷而感到刺痛。用這種荊棘編織而成的刺帽當作冠冕，強戴在耶穌的頭上，就會頭破血流，一定會讓耶穌出現很痛苦的表情。

想想看，若是一頂真的冠冕戴在一個人頭上，那個人就是被民眾擁護的國王，心中的喜悅自然會流露出來；而用橄欖葉編織而成的冠冕，那是在競技場上（特別是賽跑）獲得冠軍的得勝者，也會受到群眾的歡呼稱讚。但這些羅馬士兵故意用這種有堅硬之刺的荊棘，編成冠冕硬套在耶穌頭上，用來諷刺他「自稱是基督、是王」（參考路加福音23:2）的戲謔方式，為的是故意要讓他顯露出痛苦、難過的表情，好滿足他們想要諷刺的心情。

三是他們拿了一支藤條當作權柄的手杖，放在耶穌的右手：換句話說，他們是把耶穌打扮得像一個國王，因為猶太人領袖控告耶穌的罪名是「他自稱是基督，是王」，而這也是為什麼彼拉多接到此案件之後，會一再詢問耶穌說：「你是猶太人的王嗎？」但耶穌只在開頭時回應說：「這是你說的。」之後就都沒有再作答。

四是這些羅馬兵丁用戲弄向耶穌「致敬」：〈馬太福音〉27章29節說這些士兵是跪在耶穌的面前，然後戲弄他說：「猶太人的王萬歲！」這是多麼諷刺的一句話啊！因為從上述這些經文的記載，一個猶太人的王，怎麼可能是戴著有荊棘之刺的冠冕，且手上是握著藤條的杖？這種痛苦的打扮就算是小孩子嬉戲也不可能出現，卻出現在猶太人領袖控告的耶穌身上。

他們會這樣做，主要是在告訴耶穌別想要當王，即使當了猶太人的王，連兵士都可以這樣作弄、戲耍他。換句話說，在羅馬兵士的眼中，猶太人的王也只不過是如此一副狼狽的樣子而已，沒有什麼尊嚴可言。羅馬兵士會有這種想法和行為，主要原因是他們並不知道耶穌從來就沒有想過要當猶太人的王，甚至當猶太人想要拉住他、強迫他作王時，他都拒絕了（參考約翰福音6:15）。

五是他們接著又向耶穌吐口水：這點可說是所有羞辱中最嚴重的方式，即使在今天的時代也是一樣。之後，這些兵士拿回他們放在耶穌右手上的藤條，打耶穌的頭，而他的頭上原本已戴著有刺的冠冕，這一打下去必定更痛，因為藤條打在冠冕上，會使荊棘冠冕上的刺，刺得更深。我們可以想像，當時耶穌臉上的表情一定更痛苦、更難看，也可能痛苦到發出呻吟。

等這些羞辱動作都做完了，最後士兵們才將耶穌帶去釘十字架。〈約翰福音〉19章3節甚至說這些兵士還用手掌打耶穌。如果羅馬士兵連「猶太人的王」都敢打，就可以想像在他們心中，猶太人是什麼地位了。

越受苦，越堅定

類似這種羞辱上帝僕人的事，在先知以賽亞的描述中也可以看到，在這首詩歌中（以賽亞書50:6-7），這位受苦的僕人表達了完全的順服之心：

我任憑人鞭打我的背，
拔我的鬍鬚，
吐唾沫在我臉上；
我忍受人的侮辱。
但他們的侮辱不能傷害我，
因為至高的上主幫助我。
我勇敢地忍受一切，
知道我不至於蒙羞。

在經過這一連串的羞辱之後，這些士兵大概也累了，他們在羞辱完時，才帶耶穌出去釘十字架。經過了這麼久非人性的折騰，耶穌必定是疲憊到極點，因此，當羅馬兵丁將沉重的十字架放在耶穌的肩膀上，帶出去走向各各他的刑場時，耶穌走到半途會跌倒就可以明白了。但也可以想像得到，當耶穌跌倒之後，並不會因此獲得更多的同情或憐恤，那是不可能的，只會換來更嚴厲的鞭打、腳踢，以及連連不斷的辱罵之語而已。

有些畫家在描繪耶穌這次跌倒時，身邊就有羅馬兵士拿鞭子抽打，有的是用腳大力猛踹他，而這必定使得原本已經相當虛弱的耶穌，身體狀況雪上加霜。此時此刻，耶穌更加辛苦地硬撐起十字架，用既背又拖著的方式，腳步艱難地一步步向前走。這雖然沒有聖經根據，但應該是用人的理智就可以想到，這也幫助我們明白，耶穌走上的這條十字架的苦路，確實是一條終結生命的苦路，而這條苦路就如同耶穌在教導門徒和民眾時所說的：「那通向生命的門是多麼窄，路是多麼難走，找到的人也很少。」（馬太福音7:14）

也可以從這裡了解耶穌所說的：「如果有人要跟從我，就得捨棄自己，背起他的十字架來跟從我。」（馬太福音16:24）這十字架所代表的是罪，那麼，替人贖罪而背負十字架的耶穌，背到跌倒在地上，就可看出人類的罪狀是多麼嚴重了。

翻閱基督教會的歷史，無論哪個時代、哪個地方都一樣，基督徒經常面臨許多奇怪罪名的迫害，而這種迫害不僅是肉體上的，更是精神上的摧殘。然而，即使是在這麼嚴厲的迫害之下，不但沒有阻止福音據點的建立，反而讓信徒們更加堅定，代表著苦難的十字架之光更加明亮。

一八六五年，距今將近一百六十年前的台灣，當宣教師將基督宗教福音傳到台灣來之後，信了的人往往被套上「背祖」、「不孝」等罪名，而這種罪名所帶來的結果，往往就是一個好好的家庭因而被拆毀。若是家裡有兒子信耶穌，家族的人就會要求他放棄信仰，否則就是驅逐出去。

但這時就會面臨一個嚴肅的問題，如果這孩子已經結婚，又生有兒子（且兒子是家族裡的長孫），那家族的長輩就會要求媳婦表態：若要跟著丈夫，兒子就必須留下來；但若不願離開兒子，就必須和丈夫分開。在這種情況下，許多婦女通常被迫選擇守寡終生。而同樣的情形也會套用在信耶穌的媳婦身上，媳婦若不放棄信仰，就會被趕出家門，與丈夫兒子分離，而當兒子還稚齡、甚至還在哺乳期，這種生命的煎熬之重可想而知。

被驅逐離開家族的人，很難找到落腳的地方棲身，最後只好去找宣教師幫忙。這些人就是背負著十字架、跟隨耶穌走天國之道的信徒。然而，也因為他們持守著這份堅忍的信心，即使面對這麼大的苦難，福音的火種不但沒有熄滅，反而因為他們的用心而越來越烈，也因為這樣，才有耶穌和十字架上的救恩在台灣各地顯現出亮光，照耀著我們。

經文默想

1. 耶穌被判處釘十字架的死刑，然後要背著十字架遊街示眾。今天已經不再有這種事情發生，卻有一些極端團體為了殘害不同宗教信仰者，會將他們認為的背叛者抓住，施以各種殘酷手段，然後用攝影機透過網路直播到全世界各地。你對這樣的做法有什麼看法呢？
2. 若有一個人因為犯了重大惡極的死罪，今天的媒體往往會大肆報導，甚至連該死刑犯的家世背景都被起底、公布出來，你認為這樣妥當嗎？是可以的嗎？
3. 耶穌扛起十字架，在教會傳統上認為他曾因為背負這沉重的十字架而跌倒。想想一個情境：如果你當時正好在路邊看見，你會做出什麼反應？冷漠以對？或是會有一股衝動想要跑出來替他背負十字架？

祈禱文

慈悲的上帝，祢是鑒察人內心的主，在我們生活的世界中，有很多時候會出現不公不義的事，我們應該伸手去救助、扶持，可是，我們往往是聽見了，也親眼看見了，卻很害怕自己也連帶受到影響或是傷害，於是，我們的手縮了回來，我們的嘴閉了起來，我們的視線故意轉移到別處，我們用雙手摀住耳朵。特別是當社會那些弱勢者一再受到有權勢者的欺壓時，我們就更顯出自己的軟弱。主啊，懇求祢赦免我們。

我們願意學習堅強，透過耶穌背負我們罪過的十字架，我們願意成為一個有信仰良知的人，會勇敢站出來替受欺壓者說話，與他們站在一起。懇求慈悲的上帝賜給我們這樣的力量、信心和勇氣。謝謝祢的恩典和賞賜，奉耶穌的名，阿們。

第4站✦耶穌在途中遇見母親

母親的愛與悲痛欲絕的淚

耶穌背負十字架走向各各他刑場時，在途中遇見母親馬利亞。

站在耶穌的十字架旁邊的，有耶穌的母親、他的姨母、革羅罷的妻子馬利亞，和抹大拉的馬利亞。耶穌看見他的母親和他所鍾愛的門徒站在旁邊，就對他母親說：「母親，瞧，你的兒子！」接著，他又對那個門徒說：「瞧，你的母親！」從那時起，那門徒接耶穌的母親到自己的家裡住。

——約翰福音 19章 25–27節

前面有提起過，在這十四幅圖畫中，有六幅畫沒有聖經經文的依據，就像第三幅畫說耶穌背十字架走向各各他的途中跌倒。現在這幅圖畫是說耶穌在世上的母親馬利亞，看見他背負十字架走得非常辛苦，便趨前去看他。雖然沒有聖經的依據，但這種場景卻是想像中可以理解的。

依照〈馬可福音〉15章40至41節的記載，有好幾位婦女從加利利就跟隨耶穌來到耶路撒冷過逾越節。當耶穌被捕、直到釘十字架之時，她們並沒有逃回加利利，而是緊隨著耶穌走到各各他刑場。再根據〈約翰福音〉19章25節的記載，耶穌的母親馬利亞就站在十字架旁邊。

從這裡也可以想像到，馬利亞就站在街道旁邊，看著羅馬士兵押送耶穌扛著十字架遊街示眾。上一幅畫已經有提到耶穌扛十字架走在街上時跌倒，這看在馬利亞眼中必定非常、非常地難過，因而會排除困難，上前去安慰他。

這也是早期教父在研讀聖經、靈修時所提出的心得，認為降生在人間的耶穌，有人類本性的軟弱，也有出生成長家庭的感情，因此，在耶穌背十字架走向各各他的這條苦路中，我們會看到耶穌身體上的脆弱，而孕育他、養育他的母親，親眼目睹兒子背負那十分沉重的十字架在路上跌倒時，不但心痛，也會排除困難、衝出群眾圍堵的人牆，上前關懷耶穌。雖然聖經中沒有這段記事，但早期教父這樣的教導是非常貼合人性的。

因此，我選用這段耶穌在各各他被在釘十字架上時，看見他的母親和姨母，以及幾位婦女站在十字架旁邊的經文，來想像耶穌這一路上背負著十字架走向刑場的景象：馬利亞和其她婦女一路緊隨在旁，跟著移動，每當她們看見耶穌跌倒在路上，她們不能也無法上前去扶他起來，卻看見羅馬士兵拿起長長的鞭子猛打下去，耶穌皮肉綻開、血珠滴落出來的景況，她們的內心也會感同身受，心裡有極大痛苦。

在這些痛苦中，最難受的莫過於不能替耶穌擔負什麼，她們唯一能做的，就是結伴相隨在耶穌身邊，陪伴著他，然後馬利亞利用機會趨前去望他一眼，或是觸摸一下他那緊緊扛住十字架的雙手，然後又退回到群眾中，就這樣跟著其她婦女移動，陪著耶穌走到執行死刑的各各他刑場。

羅馬統治者採用十字架苦刑對待叛亂犯，通常都有個習慣，就是讓受刑人親自扛著十字架走向刑場，也同時會發出通告，讓民眾知道這件事——套句我們熟悉的話來說，就是遊街示眾。羅馬政府會這樣做，主要目的是要讓殖民區的民眾知道，叛亂被抓到的人，就是被這樣對待。

民眾會擠在路旁觀看，有的會替受刑人哀哭，當受刑人是他們心中所認為的「民族英雄」時，流淚哀哭的人更多，甚至會捶胸哀嚎不停。但是，如果被判十字架死刑的是土匪強盜，或是打家劫舍的惡棍，這種人就算被拉出來遊街示眾，也不會有人同情，民眾除了看熱鬧之外，也會出口咒罵，甚至吐口水的也大有人在。

不過要注意的是，即使是因叛亂而被一些猶太人獨立運動者當成「民族英雄」的人，也不見得是人人都會喜愛，因為羅馬政府處理叛亂犯，不會只針對當事人，而是會牽連許多無辜者，就像中國古代所謂「誅九族」一樣。因此，無辜受連累者的親朋好友也會出來叫罵這個囚犯。

用母愛的雙眼看耶穌

從上述這些情形就可以知道，一個人無論是什麼罪名而判處釘死十字架之苦刑，不管這人是誰，群眾幾乎都會擠到路上來觀看。咒罵的人有之，哀嚎痛哭的人也有。

前面有提過，羅馬總督彼拉多知道耶穌是被冤枉的，他是迫不得已，才判處耶穌釘十字架的死刑。原本很想護衛耶穌的彼拉多，此時卻做了一件很錯誤的事，就是將兩個危害社會秩序的死刑犯同時發交，執行釘十字架之刑。他沒有想到，民眾想要羞辱這兩個土匪強盜時，也將耶穌羞辱進去了。許多從外地返鄉的朝聖客，誤以為耶穌是跟這兩個強盜犯了同樣的罪，不值得人們疼惜。也有可能這兩個囚犯走在前面，耶穌隨行其後，因此，群眾發出的羞辱和咒罵之聲此起彼落，也都落到了耶穌身上。

出現在大家眼前的耶穌，帶著被鞭打過後的傷痕，疲憊的神情，以老態龍鍾的姿態拖拉著相當沉重的十字架緩緩行走著。沒有任何同情之聲，也沒有聽到有人替他說句惋惜的話。然而，就在群眾高漲的羞辱聲中，耶穌的母親馬利亞從群眾中走出，來到耶穌面前，用她充滿母愛的雙眼看著耶穌。

就像在總督彼拉多的審判場一樣，面對這些凶暴羅馬兵士的拳打腳踢，受難的耶穌並沒有發出任何呻吟的聲音，只有他頭上荊棘冠冕所刺出的血滴，以及鞭打過後皮肉綻開之傷痕所流出的血，不斷流淌在地。

身為耶穌人世間母親的馬利亞，目睹自己的兒子這樣血淋淋的身體，她的心也必定在淌血，她內心一定在大聲呼喊著：「你們為什麼要這樣對待他？」她也會跟我們一樣，用盡所有力氣向上帝控訴著說：「上帝啊，你看吧，這些民眾是這樣在凌虐祢用聖靈所生的兒子！」就如同〈耶利米哀歌〉詩人所說的：「上主啊，求你記得我們的遭遇，鑒察我們所受的恥辱。」（5:1）

有愛，就能超越血緣

當馬利亞看見耶穌全身傷痕累累、卻又背著沉重的十字架走向刑場時，她心中一定有許多話要說。但有羅馬兵士緊隨在身旁，他們手中又握有打在身上即可使人皮肉綻開、骨頭斷裂的鞭子，馬利亞沒有說出任何話語，耶穌也沒有作任何回應。

直到抵達各各他刑場，當耶穌被釘在十字架上，快要結束生命的那時刻，他看見了被人攙扶到十字架旁邊的馬利亞，他所鍾愛的門徒也站在那裡，於是他用生命中最後的力氣，說出了很重要的兩句話，這就是記載在〈約翰福音〉19章26至27節的經文，而這兩句話後來也成為耶穌在十字架上所說「七句」遺言中的兩句。

我們很難知道這裡所說的那位耶穌「所鍾愛的門徒」到底是誰，但這句「所鍾愛的門徒」，除了出現在〈約翰福音〉19章26節這裡外，還一再出現在20章2節、8節、21章7節、20節。因此有一種說法，認為這個門徒就是〈約翰福音〉的作者，因為四本福音書中，只有〈約翰福音〉用這樣的句子——根據19章26節記載，耶穌對他的母親馬利亞說：「母親，瞧，你的兒子！」

我們可以明白，在這個世上，不論自己兒子出了什麼問題，最關心的都是母親。此時的馬利亞是否知道耶穌被判十字架死刑的原因呢？這需要很多討論。但顯然，身為耶穌的母親，馬利亞心中必定會有許多想要說的話，因為她親眼看見、也可能曾陪伴著耶穌，為了傳講上帝國的信息，周遊加利利鄰近所有的市鎮鄉村，又在各會堂裡教導人（參考馬太福音9:35），也看見他為了替人醫病、趕鬼，忙到廢寢忘食的狀態，甚至被人傳說他「瘋了」（參考馬可福音3:21）。

她也親眼目睹，耶穌進入耶路撒冷時，群眾瘋狂地像是迎接打勝仗回來的君王那樣圍繞著他，載歌載舞地歌頌他說：「頌讚上帝！願上帝賜福給那位奉主名而來的！願上帝賜福給那將要臨到的我們祖宗大衛的國度！頌讚歸於至高的上帝！」（馬可福音11:8-10）不僅是民眾這樣歡呼歌頌，連兒童也在聖殿裡呼喊歌頌：「頌讚歸於大衛之子！」然而，現在出現在她眼前的，竟然是被釘死在十字架上的叛亂犯？這到底是怎麼一回事！

就像亞伯拉罕（亞巴郎）被上帝指示，要將他的獨生子、且是他一百歲才得到的兒子以撒（依撒格）獻在祭壇上，那時的亞伯拉罕心中一定是百味雜陳，心靈交戰，有說不出的痛苦和納悶。同樣地，當馬利亞看到耶穌背負著沉重的十字架痛苦地走向各各他刑場，然後又目睹他被釘在十字架上，可以想像身為母親的她，內心會是多麼痛苦和難受。

她一定有很多想要說的話，然而最具體的話語恐怕就是眼淚，且是厲聲大哭，但是更痛苦的是，連想要哭也哭不出來，因為當時群眾是多麼興高采烈地看見耶穌扛著十字架，一跛一跛辛苦地走著。也或許，馬利亞確實有哀嚎或大聲哀哭，但她的哭聲被群眾歡呼的聲音給掩蓋了，沒有人能聽見。

馬利亞應該是和一群婦女從加利利開始就跟從耶穌，這群婦女也曾提供財物給耶穌和他的門徒，作為傳福音的需要（參考路加福音8:1-3）。她們不但跟隨耶穌來到耶路撒冷，還眼睜睜地看著耶穌被釘十字架。〈約翰福音〉將這些婦女的名字寫了出來，包括「耶穌的母親、他的姨母、革羅罷的妻子馬利亞，和抹大拉的馬利亞」等等（參考約翰福音19:25），她們因為緊靠在十字架邊，因此耶穌在十字架上講話，她們也都聽得到。

當耶穌對母親馬利亞說「母親，瞧，你的兒子！」之後，隨即也對在馬利亞身邊那位他所鍾愛的門徒說：「瞧，你的母親！」（約翰福音19:27）接著，〈約翰福音〉作者特別強調說，這位門徒就從那時候開始，接馬利亞跟他一起回家，同住一起。〈使徒行傳〉1章14節記載，耶穌的母親馬利亞經常和這幾個婦女，以及耶穌的門徒們在一起。

值得注意的是，〈約翰福音〉20章19節記載耶穌被釘死在十字架上之後，門徒們都很害怕，因為猶太人領袖持續要逮捕耶穌的門徒或是跟隨者。因此，耶穌將母親馬利亞託付給自己所鍾愛的門徒，確實是一件非常貼切、周到的事，特別是在那個風聲鶴唳的時候，稍微不小心都可能招來殺身之禍。就在十字架上，耶穌為自己的母親馬利亞和自己所鍾愛的門徒建立了良好的聯繫，也突顯出這個福音大家庭的溫馨。

將馬利亞交託給這位他所鍾愛的門徒，就像耶穌在迦百農時告訴那些圍繞在他居所裡、在他身邊的民眾所說的：「誰是我的母親？誰是我的兄弟？」然後他環視在他周圍的人，說：「你們看，這些人就是我的母親，我的兄弟！凡實行上帝旨意的人就是我的兄弟、姊妹，和母親。」（馬可福音3:33-35）耶穌這段話已經很清楚說出一個真理：有愛的地方，就能超越血緣、家族的界線，可以突破種族、文化、歷史、地理、宗教信仰等限制和隔閡，甚至可以化敵對雙方的干戈成玉帛。

類似的慘劇

親眼目睹自己的兒子被帶去刑場，類似這樣的慘劇，也頻頻發生在一九四七年至一九八五年代的台灣，也就是一九四七年的「二二八事件」，和之後執政者發布「戒嚴法」後連續推出的「白色恐怖」政策。

許多人是親眼目睹自己的父母被逮捕，更多人是親眼看到自己的丈夫被拖出家門口，當著父母的面被槍殺；也有不少是年老的父母眼看著兒女被逮捕，或是看見同事從辦公室中被抓走的，之後就再也沒有任何消息傳出，後來等到的消息則是已經被槍斃了。諸如此類的這些事件，都可以從陸續被披露出來的史料中看到。

舉一個大家感覺比較親近的人物，就是高雄岡山基督長老教會第二任牧師蕭朝金（1910-1947）；他是彰化社頭人，父親蕭明爐是一位醫生，是台灣很早期的敬虔基督徒。蕭朝金牧師從台南神學院畢業之後，曾在台南南門教會擔任傳道師，任滿之後轉到高雄岡山教會封立牧師，並牧養該教會。

第二次世界大戰結束後，他被三民主義青年團推舉為岡山地區的團長，他勉勵團員要「為祖國打拼，能回歸祖國真是幸福」。但後來這些三民主義青年團的團員發現，國民黨統治者並不疼愛台灣人，因此紛紛起而反抗。有不少青年跑到教會找他，要他帶領眾人反抗國民黨政府，但他安撫大家不要衝動。然而，這些跑到岡山教會來的青年，決定抵抗國民黨軍隊，蕭牧師也因而被列入帶頭反抗國民黨政府的惡劣分子名單中。

一九四七年三月十日左右，憲兵跑進教會牧師館，當著牧師娘面前將他強行帶走，經過四、五天的殘酷審問後，在三月十五日將他帶到岡山鐵道旁，當著牧師娘和民眾面前槍斃，並將他的鼻子、耳朵和生殖器都割掉丟棄，且不准牧師娘領回身體。經過三天的曝曬後，身體開始腐爛了，才准許牧師娘帶回去埋葬。

這些憲兵會用這麼不人道的方式處置蕭朝金牧師，是因為他一再辯護自己並沒有參與任何活動，而是三青團團員主動來找他，並拒絕聽他勸導，反而佔據教會。但這些憲兵聽不進他的辯詞，直接將他判處死刑。要槍斃他的時候，還要他下跪，但他堅持拒絕，並說他只向上帝下跪，決不向任何人下跪。這些憲兵在極怒之下，就用這種方式把他槍殺了。但牧師娘沒有因此屈服，她帶著三個還是稚齡的兒女回到故鄉台南善化，在極其困苦的環境中將兒女養育長大，這就是偉大的母愛！

在人類的世界中，像這樣的事件並不陌生，特別在許多極權統治的國家，直到現在這種殘害生命的事件依舊時常發生。但是，越會殘害無辜者生命的人，其實他們的內心是很不安的，只是他們不敢說出來而已。我們可以這樣了解：殘害無辜者的生命，絕對不會被上帝所容許，因為上帝是一定會報應的（參考羅馬書12:19）。

在殘酷的生死離別行列中，馬利亞走向耶穌，一路陪伴著他艱難的腳步走向各各他的刑場，馬利亞隱忍著心中的疼痛，向上帝呼喊哭訴著。但耶穌依舊是默默地承受十字架的痛苦，而這種痛苦是包括了當他母親出現在他面前時，他並沒有多說任何一句話，因為他很清楚知道這是上帝要他完成的使命，為了讓更多相信的人獲得拯救。

誠如使徒保羅所說的：「上帝不惜犧牲基督，以他為贖罪祭，藉著他的死，使人由於信他而罪蒙赦免。上帝這樣做是要顯明自己的公義。」（羅馬書3:25）這裡的「公義」表明的就是上帝對人類特殊的愛。使徒保羅甚至說耶穌這樣的死，是「自甘卑微，順服至死，且死在十字架上」（參考腓立比／斐理伯書2:8），他不是被逼到不得已，而是心甘情願為救贖眾人脫離罪的束縛而放下所有的一切，走向各各他刑場。

經文默想

1. 這幅馬利亞走到背十字架的耶穌面前的圖畫，身為母親的人，一定會有很深的感觸。雖然我們不知道馬利亞跟耶穌該說了些什麼話，但單單這個畫面就可以讓我們想想看：如果你是母親，或是父親，你想說什麼？
2. 當耶穌對他母親馬利亞說「母親，瞧，你的兒子」，然後又對他所鍾愛的門徒說「瞧，你的母親」時，你會怎樣描述當時的場景？
3. 發生在一九八六年、震撼台灣社會的湯英伸案件：他是阿里山鄒族原住民青年，原本在嘉義師專讀書，被教官認定學生丟掉的物品都是他偷的，因此逼他退學。他北上去一家洗衣店工作，卻被老闆扣著身分證和薪資。他一氣之下，殺害了雇主和家人，之後被判處死刑。在執行死刑之前，引起全國各界數以千計的社會賢達人士出面呼籲政府「槍下留人」。他是天主教會青年，天主教會主教團也出面，表示願意照顧被他槍殺的雇主之子女，直到他們長大成人。此案引起台灣社會對原住民議題的討論。你對此案有什麼看法？

祈禱文

慈悲的上帝，在我們今天的世界中，還有很多只因為想法和有權勢者不同就被判處死刑的人。在我們生活的環境中，一再看見有些青少年因為染毒而被逼到去做不該做的事，因此而陷入囹圄，讓父母心痛欲絕。

親愛的主上帝，懇求祢的慈悲安慰這些傷心的母親，使她們在最無助的時候，也能體會到上帝的寬恕和安慰。奉耶穌的名祈求。阿們。

第5站✦西門替耶穌背十字架

學會尊重、包容每個生命

羅馬兵丁強迫古利奈人西門替耶穌背負十字架。

在途中，他們遇見一個人，名叫西門，剛從鄉下進城，他們強迫他替耶穌背十字架（西門是古利奈人，是亞歷山大和魯孚的父親）。他們把耶穌帶到一個地方，叫各各他，意思就是「髑髏岡」。在那裡，他們拿沒藥調製的酒給耶穌喝，但是耶穌不喝。於是他們把耶穌釘在十字架上，又抽了籤，把他的衣服分了。

早上九點鐘的時候，他們把耶穌釘十字架。他的罪狀牌上寫著：「猶太人的王。」同時他們又把兩個暴徒跟耶穌一起釘十字架，一個在他右邊，一個在他左邊。（有些古卷加28節「這樣，聖經上所說『他被列在罪犯中』的話應驗了。」）

從那裡經過的人侮辱耶穌，搖著頭說：「哼，你這要拆毀聖殿、三天內把它重建起來的！現在從十字架上下來，救救自己吧！」祭司長和經學教師也同樣譏笑他，彼此說：「他救了別人，卻不能救自己！基督，以色列的王啊，現在從十字架上下來，讓我們看看，我們就相信！」跟耶穌同釘十字架的人也同樣辱罵他。

——馬可福音15章21–32節

就像前面說過的，耶穌扛著十字架走到半途就跌倒了，那時他已經遍體鱗傷，被羅馬士兵用鑲著獸骨的鞭子毒打，不但被打得皮肉綻開，骨頭可能都斷裂了，扛著笨重的十字架，自然是痛苦萬分，行動緩慢。為了趕赴刑場，羅馬士兵看見路邊有一個人，體格看起來還蠻壯的，士兵就抓住這個人，要他替耶穌背起十字架，走往刑場。

這個被認為是倒楣鬼的人，就是名叫西門的古利奈人（基勒乃人西滿），他剛從外地來耶路撒冷城，準備要參加逾越節慶典，剛好遇上了民眾擠在一起看「熱鬧」，他也擠到群眾中，且是站在路邊，卻萬萬沒想到因而被羅馬兵丁看上，把他拉出來替耶穌背負十字架。

其實，把這幅畫放在苦路第九站的圖畫之後，或許會更加適當，因為第七站的圖畫是耶穌第二次跌倒，而第九站的圖畫是耶穌第三次跌倒，若是將古利奈人西門被指定替耶穌背負十字架，排在第三次跌倒的圖畫之後，看起來可能會更順暢些，表示耶穌確實已經再也無法背負這麼沉重的刑具了，這時羅馬兵丁只好把站在路邊看行刑隊伍的古利奈人西門抓出來，替耶穌扛起十字架。

不過，天主教會描述耶穌第二次跌倒，並不是指他背負十字架而跌倒，而是指他為了人類驕傲的罪而跌倒。驕傲，最基本的表現是心中不承認有上帝（參考詩篇

14:1、53:1）。而第三次跌倒，是指人學習邪惡人之心狠手辣的罪，耶穌就是為了這種罪而背負十字架的。

從這裡就可看出，耶穌走向各各他的十字架之路，不單是看他背負十字架的苦難之態，也是幫助我們知道，十字架的苦難之路是我們的罪所帶來的結果，這也是一種生命反省的功課。

拯救恩典的見證者

彼拉多宣判把耶穌釘十字架的死刑時，也同時命令兵士把耶穌先帶去鞭打（參考馬太福音27:26）。這是當時羅馬政府對被判處十字架之刑的囚犯必定先有的動作，主要是為了防範囚犯的同夥來劫持，所以他們都會先將囚犯鞭打成重傷，然後才帶去刑場，這樣，就算有人在半途或是在釘十字架之後，等到夜晚兵士離去後來劫囚，這時囚犯能存活下來的機率也會大幅降低，有的受刑人甚至很快就去世了。耶穌就是這樣，他斷氣、死去之快，連總督彼拉多都感到驚奇（參考馬可福音15:44）。

依照當時羅馬政府的規定，十字架是受刑人自己背負，這樣，當抵達行刑的場地時，受刑人也已經精疲力竭，就不會有更多的力氣反抗了，執行釘刑就容易許多。耶穌可能因為被連夜審問沒有休息，又加上被羅馬士兵鞭打過，此時身體已是相當虛弱，因此，走到半路就再也無法繼續扛著十字架走下去，他真的是走不動了。

就在這時候，負責帶耶穌去刑場的羅馬士兵看見路邊一個身體看起來算是強壯的人，是一個古利奈人，名叫西門，就「強迫」他出來替耶穌背十字架，繼續走向各各他。

馬太（瑪竇）和馬可（馬爾谷）這二本福音書的作者在這裡都說，羅馬兵士是「強迫」古利奈人西門背負耶穌的十字架。而在〈路加福音〉23章26節是這樣記載：

兵士把耶穌帶走，途中遇見一個從鄉下進城的古利奈人，名叫西門。他們抓住他，把十字架擱在他肩上，叫他背著，跟在耶穌後面走。

古利奈，這是位於今天的北非利比亞這個國家，這裡有很大的猶太人社群聚落。每年的逾越節、五旬節、住棚節這三大節期，幾乎所有散居在地中海鄰近地區的猶太人都會成群結隊地返回耶路撒冷來朝聖。這些地區的人或許聽過關於耶穌的事，也可能有人從來沒有聽說過。

〈使徒行傳〉6章6至15節就有記載，最早殉教的司提反，他是早期信仰團契推選出七位幫助使徒的同工之一，他因充滿著聖靈的力量，在五旬節活動期間，「在民間行了大奇事和神蹟」，即使如此，還是有從古利奈和亞歷山大（也是北非埃及大城）來的猶太人看不慣，而跟司提反辯論，但都無法辯駁司提反所說的見證。

結果，這些從外地返鄉參加慶典活動的猶太人，就設法收買一些人，出來誣告司提反，說他「說了毀謗摩西和褻瀆上帝的話」！這樣的作為很清楚地違背了十誡的第九誡：「不可作假證陷害人。」（出埃及記20:16）這跟當時在大祭司府邸審問耶穌時所發生的情節完全相同，當時那些「三和林」議會的議員們，就是「設法找假證據控告耶穌，要置他於死地，雖然有很多人誣告他，但是找不到證據來」。後來他們乾脆收買兩個人，上前指控耶穌說過這樣的話：「我能夠拆毀上帝的聖殿，三天內又把它重建起來。」

但對這些控告，耶穌都是採取「默不作聲」的態度（參考馬太福音26:59-63a）。看吧，宗教領袖也會作假證陷害人，他們可是平時在耶路撒冷外院廣場教導民眾怎樣遵守摩西法律的教師啊！信仰最大的弊病，就是虛偽，這也是耶穌很不客氣地指出猶太人領袖的問題（參考路加福音12:1），甚至更不客氣地指出，他們的虛偽將為他們帶來重大災禍（參考馬太福音23:1-36）。

在羅馬帝國統治下的殖民區，有個很重要的規定，只要羅馬統治者認為需要，任何時候都有權力「強迫」殖民區的人民為羅馬政府做義務勞動，而殖民地人民不准有任何抵抗的行動，否則會遭到更加嚴酷的懲罰。

從〈馬太福音〉5章41節可看到耶穌說過這樣的話：「假如有人強迫你替他背行李走一里路，跟他走兩里吧！」這句話很清楚地說出了當時羅馬政府在統治區內的各地方，是有權可以隨時強迫人民義務為政府或軍隊做運輸、補給等各種必要工作的（其實這種政策在日本統治台灣的時代也有過）。耶穌勸勉當時的民眾，最好不要和羅馬軍隊對抗，以免造成生命危險。

依照〈馬可福音〉15章21節的記載，這位替耶穌背負十字架的古利奈人西門，就是亞歷山大和魯孚（魯富）的父親，更值得注意的是，西門一家人後來在早期教會的福音事工上，可說是相當活躍（參考羅馬書16:13），這也是西門當初沒有想到的事——他替耶穌背負苦難的十字架，卻成為這十字架拯救恩典的見證者。這也是上帝奇妙的作為。

西門這樣的際遇，再回想起耶穌曾對門徒和跟隨者所說的，要跟隨耶穌，就「要捨棄自己，背起他的十字架來跟從」他（參考馬可福音8:34），把兩者連結起來，就更有意思了。

西門的恐懼

古利奈人西門應該是剛到耶路撒冷城，正巧遇上了執行十字架死刑的隊伍經過，便跟著群眾擠在路邊看這個場景。但可以理解他不是為了要看熱鬧而進城，而是因為要參加隔天開始的逾越節的各種活動。他進城的時間是逾越節的前一天。

在耶穌的時代，猶太人已經有個傳統：從巴比倫返國之後，凡住在耶路撒冷鄰近二十公里內的民眾，每年都要回到耶路撒冷城去參加三個重大節期，包括有：逾越節、五旬節，和住棚節。而四散旅居外國的猶太人，則是一生當中至少回去參加這三節期一次。逾越節可說是以色列民族視為最重要的節期。他們有個看法：沒有逾越節，以色列民族早就已經不存在了。

這種充滿感恩的心，從〈詩篇〉第136篇的詩歌就可看出。而這位旅居在古利奈的西門，就是在這種情況下返回到耶路撒冷，看到許多群眾聚集在看熱鬧，他也擠上去想看個究竟，卻沒想到被羅馬兵丁隨手一拉，要他來替耶穌扛十字架。可以想像當時的他，心裡很可能一直在叫著「真倒楣，有夠衰的」，甚至也恐懼自己會被路邊圍觀的民眾誤會他就是那個罪大惡極的囚犯，跟另外兩個同時釘十字架的犯人一樣。

其實也可以這樣了解：對古利奈的西門來說，被羅馬兵丁給拉出來替耶穌背十字架，可說是一件非常恐怖的事。因為萬一到了各各他刑場，羅馬兵丁疏忽、搞錯了，硬要把他釘上去，那可就是天大冤枉。

美國好萊塢明星梅爾・吉伯遜（Mel Gibson）所導演的《基督受難記》（*The Passion of the Christ*）電影中，描繪這幕場景時，就可看到當古利奈的西門被強拉出來替耶穌背十字架時，他使盡了所有吸奶的力氣大聲呼喊：「不是我啊，不是我，不要把我給釘上去啊！」我想，若是換成我們，大概也一樣會感到相當恐懼，甚至可能會想盡辦法掙脫羅馬兵丁的手，逃離現場。

十字架是要背到「各各他」這地方，這個地名的意思是「骷髏岡」，可能是一個凸起的小山丘，離耶路撒冷不遠。大概因為經常在此地執行死刑，有不少死去之人的骷髏散見此處。也有一種說法是：它的地形看起來就像骷髏而得名，但這種觀點被學者認為並不可靠。

倘若那時古利奈的西門拒絕羅馬兵丁強迫他背十字架的要求，他很可能會被當場殺死。但要是背了，羅馬兵丁若是稍微疏忽沒有注意，很可能就是換成他被釘上十字架。不過，依照〈路加福音〉23章26節的記載，古利奈的西門是背著十字架跟在耶穌的後面走，這表示應該不會有弄錯的問題出現。

即使如此，內心的不安、恐懼必定存在。因為一般民眾對受刑人是不會有憐憫之心的，只會找機會加以羞辱而已，就連和耶穌同時釘十字架、在他旁邊的兩位受刑人當中，就有一位死刑犯開口嘲諷耶穌說：「你不是基督吧？救你自己，也救救我們吧！」（路加福音23:39）

而在各各他刑場，圍觀看熱鬧的民眾，就像之前在彼拉多官府的審判庭廣場前大聲喊叫一樣，現在他們也大聲喊叫，叫耶穌「現在從十字架上下來，救救自己吧」（參考馬可福音15:30，馬太福音27:40）。群眾都如此了，就更不用說設計陷害耶穌的猶太人宗教領袖祭司長和經學教師。如果連宗教領袖都是這種態度，就不用指望他們平時對民眾遭遇到無辜受害的事會有疼惜的態度，不會！

改變往後生命的旅程

在羅馬帝國統治的時代，每當有人被判釘十字架之刑，就會有人爭先恐後地湧上街頭，想要看這些受刑人，民眾有的會用穢言責罵，也有人會拿穢物向罪犯丟擲過去，各種羞辱的動作接連出現都是在所難免。

就像在中世紀時代，若是有人因為信仰的觀點和當時教會領導者的看法不相同，導致被判處火燒死刑，也會有許多民眾湧上街頭，要看那被判火刑的人綁在木柱上受難的苦相，或向這種被認為是遭到魔鬼附身的人丟擲已經壞掉的臭雞蛋或是牛糞等穢物，或用最骯髒的話加以咒罵，甚至在烈火灼燒受刑人身體、聽到受刑人在痛苦中發出淒厲的慘叫聲時，還會用惡劣的語言大聲詛咒，認為他受到這苦刑是應該的。

現在，耶穌被釘在十字架上時的情形就是這樣，圍觀的民眾紛紛發出惡言惡語，辱罵他、譏笑他。福音書作者讓我們看到，那些無論如何一定要將耶穌釘上十字架的宗教領袖們是持續在羞辱他，連跟他一起同釘十字架的一個囚犯也在辱罵他，此刻的耶穌，其悲慘情景簡直就連他旁邊的暴徒也不如。因此，羅馬帝國的時代，大家都很害怕被釘十字架，想盡辦法要逃離這種酷刑。不僅是因為這種苦刑帶來的極度肉體痛苦，這些羞辱導致的心靈創傷之苦更大。

另外要注意，前面有提起〈馬可福音〉作者說這位古利奈的西門「是亞歷山大和魯孚的父親」，且在早期基督教會的福音事工上相當活躍。這個資料幫助我們很大，因為在〈羅馬書〉16章13節，使徒保羅寫給羅馬教會的書信中這樣記載著：「請問候魯孚；他是主內一位傑出的工人；也問候他的母親——她一向待我像自己的兒子一樣。」

這點確實是很珍貴的資料。古利奈的西門因為被羅馬兵丁強迫替耶穌背負十字架，結果反而因此認識了耶穌，他和他的妻兒後來都在早期教會的福音事工上，有很傑出的表現。使徒保羅說，古利奈西門的妻子待他就像對待自己的兒子一樣，從這裡就可看出，西門的妻子是怎樣全心全力地在支持使徒保羅的福音事工。這點也是當時的羅馬兵丁（或當時在場的猶太人領袖們）怎麼想也想不到的結果吧。

福音書的作者告訴我們，十字架是上帝救贖恩典的特別記號，古利奈的西門既然是被強迫，也可理解他心中必定是心不甘、情不願，只能勉強替耶穌背起這十字架，但上帝並沒有忘記他，而是透過這場意外的際遇，給他很特別的啟示，讓他看到耶穌被釘十字架，進而改變了他往後生命的旅程，讓他和他的家人因此而認識了耶穌，這可說是極大的恩典啊！

就像那位在場執行釘死耶穌的羅馬軍官，看到耶穌死在十字架上時，感動地見證說：「這個人真是上帝的兒子！」（馬可福音15:39）古利奈的西門的經歷就是如此。這件原本看起來是意外、且是很衰的遭遇，卻讓他和家人後來在早期教會中，成為見證耶穌復活的福音信息之傑出人物，他的妻子在使徒保羅心目中，就像是母親一樣親近。這樣的生命轉變，是所有人當初都預料不到的。

福音事工沒有大小之分

政治，是講究利益的，跟宗教信仰很不一樣；宗教信仰是講究心靈的更新，也是在講究用真誠的心回應上帝的愛。而政治是以利益作為基礎，只要是有利益的，就要努力爭取，甚至會不擇手段來奪取，連作假證陷害他人也在所不惜，這點從那些猶太人領袖的身上就可看得一清二楚。

宗教信仰最悲哀的事，莫過於把個人或團體利益看得比真理更為重要。也因為這樣，往往會故意或是無意中殘害了他人的生命。猶太人宗教領袖就是在這種需要之下，和羅馬統治者聯手，將上帝的兒子耶穌給殺害了。不僅這樣，還在耶穌復活後，持續迫害見證耶穌復活信息的門徒們（參考使徒行傳7:57、8:3、12:1-2）。

最不可原諒的，就是當基督教會在苦難中逐漸茁壯、發展起來，在公元三八〇年三月二十七日，羅馬帝國皇帝狄奧多西一世（Theodosius I）宣布基督教為正統、同時為羅馬帝國國教的敕令，從此基督教取得了政治上極大的權柄之後，也同樣犯了當年猶太人領袖所犯的重大過錯。教會領袖以自己為權威，不但違背了聖經的教導，還一再殘害在信仰上知道反省的信徒，甚至連翻譯聖經讓更多信徒看懂的事，都被列為罪大惡極的行為而遭到嚴厲的火刑，加以迫害。

捷克的聖經學者約翰・胡斯（**Jan Hus**, 1371-1415）就是在公元一四一四年，被羅馬大公教會視為異端，把他翻譯聖經的舉動判決有罪，在次年用火刑處理。一直到了一九九九年，羅馬大公教會才正式為約翰・胡斯之死道歉。

其實，不只是羅馬大公教會將信徒判為「異端」用火燒死，連長老教會創會之初也有這樣的記錄，那就是麥克・塞爾韋特醫生（Michael Servetus, 1511-1553），他也遭遇過同樣慘痛的對待。身為神學家、醫生和人文學家的他，興趣非常廣泛，包括了聖經、數學、解剖學、藥物學、天文學、氣象學、地理學和法學，且因對以上多個領域的研究和貢獻而聞名，其中最令人注目的，是他在神學和藥物學方面的深厚造詣。

塞爾韋特和約翰．加爾文在同時代參與了教會改革運動，但他卻一再反對約翰．加爾文所發表的「三位一體論」觀點，並在一五五三年出版了《恢復基督教》(*Christianismi Restitutio*)一書，在書中極力反對約翰．加爾文的「救贖預定論」，也不同意上帝罰靈魂入地獄而不顧生前價值和功勳的觀點。他堅持認為：上帝從不懲罰任何有通過深思熟慮而發表思想言論或行動的人。

最後，他被加爾文派的日內瓦理事會以「異端」的罪名，和約翰．胡斯一樣，被判處火刑柱的刑罰而被燒死。只是羅馬大公教會在經過了五百年後有對約翰．胡斯公開表示道歉，長老教會迄今都沒有這方面錯誤的任何反省，這是很可惜的事。

從這些悲劇事件就可看出，只要危害到既得的利益，即使是以基督之名而設立的教會或機構，也會出現連綿不斷的欺騙話語，殘害生命的惡劣行徑層出不窮。但上帝非常清楚這些，祂一直在看，記錄著這些迫害的史實，也傾聽著無辜受害者控訴的聲音。

注意，今天的基督教會也持續發生這樣的現象，有些人數眾多、規模較大的教會，其傳道者往往把自己看成有耶穌給予的「權柄」，要信徒都得遵守「他們」的教導。但他們的教導有時也不出自聖經的教導，只不過是個人對聖經的理解，更糟糕的是從聖經經文的字面意義來解釋。把自己當作有耶穌賦予的權柄，就很容易做出像耶穌時代的宗教領袖、中世紀時代的羅馬教廷領袖，或是改革運動的領導者一樣的墮落行為。個人權威勝過聖經的教導，這才是信仰最大的危機，因為這就像是再次謀害耶穌一樣。

在人看來，連古利奈的西門自己都覺得非常倒楣，無辜受到連累，被強迫替耶穌背負那眾人看為最醜陋的十字架，走向各各他的刑場。但公義的上帝絕對不會因此而沉默不語，不會！祂看見了，也聽到古利奈的西門內心喊叫的聲音，祂給他很特別的啟示，就是讓他親眼看到耶穌被釘十字架，就此改變了他往後生命的旅程，讓他和他的家人因而認識了耶穌。

我們應該有更清楚的認識：福音事工沒有區分大或小、高貴或是卑微，因為任何在人看來非常卑微的福音事工，也都是在見證上帝拯救的愛。因此，有的人會背負著沉重的十字架，很難負擔得起，但也有微小到如同耶穌比喻中所說的，像是一杯水、一碗飯、一件衣服等等，在任何微不足道的人身上所做的事，都是為了見證上帝的愛而做，都會得到上帝回報的賞賜（參考馬太福音25:31-39）。

若是連卑微的事都會得到上帝的回報，更何況是背負沉重且是苦難的十字架。上帝一定更不會忘記這些為福音而同受苦難的見證者。

經文默想

1. 假若我們是古利奈的西門，遇到這種被強迫必須替耶穌背負十字架的事，想想看，我們會有什麼反應？拒絕或是直呼倒楣？或是會找人關說，強烈表示抗拒，而想要爭脫逃離？
2. 台灣到現在還有「死刑」。若是有人被判處死刑，而要帶去刑場執行，我們會用什麼態度看待這件事？例如，迄今依舊常被提出來討論的陳進興，這個整體台灣社會認為是萬惡該死的人，當時他想捐獻器官作為「贖罪」，卻掀起一片反對浪潮，很多人說寧願病死，也不願他的器官留在自己的身體內。你的看法如何呢？
3. 想想看，在福音的事工上，我們最容易抱怨的是什麼事？為什麼？除了抱怨，我們是否會繼續在「不得已」的狀況下，仍然背負著這在我們心中看來如同沉重包袱的十字架走到終點？

祈禱文

慈悲憐憫的上帝，我們看見耶穌被釘十字架時，群眾還是一再諷刺、羞辱著他，這正好顯示了我們的罪性，對於受難者的生命，特別是無辜受害者的悲慘生命，毫無同情之心。我們懇求祢幫助我們，學會尊重每個生命，即使是社會上公認罪大惡極的囚犯，也懇求祢幫助我們，使我們學會包容、寬恕的心看待他們。

奉十字架上的耶穌的名祈求，阿們。

勇敢走出來，堅持到底

第6站✦一位婦女拿手帕給耶穌——

耶穌遇到一位婦女，拿手帕擦拭他臉上流下來的血與汗。

過了些時候，耶穌走遍各城市鄉村，傳揚上帝主權的福音；十二使徒跟他同行。此外還有些婦女，都是曾被邪靈和疾病纏擾、已經被治好了的；其中有抹大拉的馬利亞，從她身上曾有七個鬼被趕出來；還有希律官邸的官員苦撒的妻子約亞娜，和蘇撒娜，以及其他好些婦女。她們都用自己的財物供應耶穌和他的門徒。

——路加福音8章1-3節

就像苦路的第四幅圖畫一樣，耶穌扛起十字架走向各各他的途中，遇到了母親馬利亞，在福音書中並沒有這樣的記載；第六幅圖畫也是一樣，福音書裡並沒有資料說有一個婦女，她拿一條手帕給耶穌擦拭臉上流下來的血與汗。

前面已經有敘述過了，這是早期教父在研讀聖經、靈修時所得到的一幅異象。當耶穌在加利利各地鄉鎮村落傳福音時，就有一群婦女用自己財物供應耶穌和他的門徒，支援他們傳福音的需要。這些婦女當中，有的是因為自身疾病被耶穌治好，特別是抹大拉的馬利亞（瑪利亞瑪達肋納）就曾罹患七個鬼附身，自從被耶穌治好，她就緊隨著耶穌四處去傳福音（參考路加福音8:1-3）。不但這樣，她還是四本福音書裡唯一都有提到的一位，在耶穌復活那天清早，她準備香料去墳墓。

耶穌從加利利到耶路撒冷去參加逾越節，這群婦女也跟著前往。也因為這樣，當耶穌被捕、被判處釘十字架的死刑時，她們也跟著行刑隊伍走到各各他刑場（參考馬可福音15:41）。若從這些情節來了解，就不難看出當耶穌背著沉重的十字架走向各各他時，街上擠滿了看熱鬧的群眾，罵聲連連，但在這些咒罵聲中，必定也交織著一些民眾捶胸哭嚎的聲音。就在這時候，有一位沒有被提起名字的婦女，她手上拿著一條手帕，從群眾中走出來，上前擦拭耶穌臉上流下來的血與汗。

耶穌的臉上有汗，這是可以理解的。因為十字架甚重，扛著走路，走起路來也不容易，流汗就很正常。但為什麼耶穌的臉上會流著血呢？這點可從福音書提供的資料看出來，當時猶太人宗教領袖控告耶穌的罪名是「他自稱是基督，是王」（參考路加福音23:2），因此，當總督彼拉多判處耶穌釘十字架的死刑時，羅馬士兵就把耶穌帶到總督府的院子裡，進行各種羞辱。羅馬士兵這樣戲弄耶穌：「他們給耶穌穿上一件紫色的袍子，又用荊棘編了一頂冠冕，給他戴上，然後向他致敬，說：『猶太人的王萬歲！』」（馬可福音15:17-18）

這種荊棘在巴勒斯坦很多，是有帶刺的低矮植物。有學者認為那是莨菪有刺的矮枝。這種荊棘有刺，且刺又堅硬。羅馬士兵用此物象徵皇冠，將之強戴在耶穌頭上，必定會刺傷耶穌而流出血來。

這位婦女必定是看見耶穌臉上痛苦的表情，除了身體被鞭打而皮肉綻開、骨頭受傷的痛之外，頭部的刺痛也是其中之一，這只有敏感的婦女才看得出來。因為她們平時去田園工作，經常會被荊棘刺傷手臂、腳踝，有時也會碰到刺的尖頭刺入、斷裂在皮肉中，還得用小刀或針才能取出來。因此，這位婦女會拿手帕去擦拭耶穌臉上的血與汗，可看出她內心對耶穌受到這樣殘酷對待的悲痛。

支持耶穌傳福音的三位女性

我們若稍微注意一下，就會發現聖經時代以色列人的社會，婦女和小孩的地位是非常低的，甚至在核算人口數目時，也不會把婦女和小孩計算在內（參考出埃及記12:37，馬太福音14:21、15:38）。因此，聖經作者甚少會提到婦女的事，若是有提到，也甚少會記下名字，如有名字出現，通常都是和發生的事件有關。

〈路加福音〉作者在這裡特別記下了幾位婦女的名字，說她們提供自己的財物，幫助耶穌與門徒們四處傳福音。可以理解這幾位婦女應該都在早期的基督教會裡非常活躍，且在福音事工上有特殊貢獻。但不要疏忽了作者路加又加上了這句「以及其他好些婦女」，這簡單的一句話，說出一個很重要的認知：不是只有寫出名字的這些人，而是還包括了許多沒有被寫出名字的婦女。

作者路加很清楚地說明，耶穌走遍了加利利各城市鄉鎮去「傳揚上帝主權的福音」，這也是他沒有停留在一個地方很久的原因。使徒保羅後來在各地開拓教會也是這樣，每當教會建立起來之後，他就會將開拓起來的教會交給訓練出來的幹部管理，然後離開該地，繼續到別的地區去開拓新的福音據點。

這點跟今天台灣傳道者固守一間教會很長一段時間的做法，很不一樣，這也說出今天的傳道者絕大多數已經不是在開拓福音，而是在牧養教會，也不再像過去十七至十九世紀的教會，會派許多人到世界各地去傳福音，那種熱情已經不復出現了。

再者，我們看到耶穌主要的工作是「傳揚上帝主權的福音」。所謂「上帝主權」，意思是指上帝國。這名詞的意思是回到上帝面前，以上帝為我們生命的中心。因此，若有人問我們：「耶穌在世上傳福音的主要內容是什麼？」我們可以很清楚地回答說：「傳揚上帝國的信息。」他要大家把自己帶回到上帝面前，以上帝為我們生命的救主。這點非常重要，因為當人知道回到上帝面前時，很自然地就會謙卑下來，且會清楚知道自己是個有限、不完美，也是個有罪的人。

回到婦女的話題，作者路加特別提起幾個婦女的名字之後，又加上了這句「以及其他好些婦女」，這說明了有一群婦女，在耶穌和他的門徒傳福音時，她們就是最好、最有力的支持者。作者在這裡提起幾個婦女的名字，說這些婦女「都是曾被邪靈和疾病纏擾，已經被治好了的」，這句話很清楚說明：這些婦女之所以會全力提供財物來供應耶穌他們的需要，是因為感謝耶穌醫治的恩典。而醫病和趕鬼這種神蹟奇事，可說是耶穌在傳上帝國的信息時，經常為民眾所做的工作。

路加提供了幾位用實際行動表明對耶穌之感恩的婦女，這幾位的名字如下：

第一個是抹大拉的馬利亞。作者說她曾被七個鬼附身而被耶穌醫好。福音書中對這個抹大拉的馬利亞介紹不多，但都提起二點：其一就是耶穌被帶到各各他釘十字架時，她和幾位婦女一直跟隨著，並且一直看到耶穌在十字架上斷氣為止（參考馬太福音 27:56，馬可福音 15:47，約翰福音 19:25）。

再者，這位抹大拉的馬利亞是四本福音書中唯一共同提起，在耶穌埋葬之後，她就回去準備香料，然後在「星期天，天剛亮的時候」就跟那些婦女帶著香料要去墳墓抹耶穌的身體（參考馬太福音28:1，馬可福音16:1,9，路加福音24:10）。

但比較特別的，是〈約翰福音〉只有提到抹大拉的馬利亞一個人去探墓，且是她看見墳墓門口的大石頭已經移開了，就跑去找彼得和另一位耶穌所鍾愛的門徒，他們都在懷疑是否有人將耶穌的身體移走。彼得和另一位門徒離開墓地回家去，只有抹大拉的馬利亞還在墓口外哭泣，就在那時，復活的耶穌顯現給她看見（參考約翰福音20:14），也因此，她成為第一位看見耶穌復活的人。

要注意的是，這裡特別提到抹大拉的馬利亞被多達「七個鬼」附身，「七」這個數字，代表的是一個龐大數字，也表示她病得非常嚴重。因此，她對耶穌的感恩也是非常深重。

第二個是希律官邸的官員之妻約亞娜（約安納）。這裡很重要的，是提到「希律官邸的官員」，這至少讓我們看見一個事實：耶穌所傳的福音信息已經進入了統治者希律王的官員當中，且被接受了。這位官員苦撒（雇撒）很可能是負責管理希律官邸家產的外邦人。因此，這位苦撒的妻子約亞娜很可能有比較足夠的財力，她因為被耶穌治好身體的疾病而來跟隨，並且資助耶穌和門徒的福音事工。

第三個婦女是蘇撒娜（蘇撒納）。有關她的身分背景都沒有進一步的資料，在這裡只提起她的名字。

要注意的是前面已有講過，除了有提起名字的婦女外，這裡又加上了「此外還有些婦女」這句話，雖然沒有記下這些婦女的名字，但並不表示她們不重要，這說明在早期教會，這些婦女都參與了傳福音的事工，且是早在耶穌和門徒們出來周遊加利利地區傳福音時，就已經開始這項服事工作了。

無聲的哀哭

當耶穌被判處釘十字架之刑，且發交兵士去執行時，在〈路加福音〉23章27節有這樣的記載：「一大群人跟隨著耶穌，其中有些婦女為他悲傷哀哭。」在23章49節則是這樣記載：「所有跟耶穌熟悉的人，和從加利利跟隨他來的婦女，都站在遠處看這些事的經過。」

將這兩節經文對照來看，這群婦女不但跟從耶穌和門徒們從加利利沿路來到耶路撒冷，還參加了在耶路撒冷過逾越節的行列。但這群婦女和耶穌門徒大不相同的地方，就是她們一直緊隨著耶穌，當她們看見耶穌被釘十字架時，可以想像她們站在群眾當中，聽到眾人叫囂、辱罵耶穌的聲音，心中的痛苦必定有如刀在切割一樣，萬分難受。

然而，她們不能開口說任何一句話，因為只要她們一開口，恐怕會遭遇到身邊男人們嚴厲的斥責，甚至重拳打罵都有可能。就在這麼無奈又無力的當下，這群婦女選擇用沉默的方式跟隨著耶穌走向各各他刑場，就像〈路加福音〉作者在這裡所說的，這群婦女沿路一面走，一面為耶穌遭遇這悲慘的結果「悲傷哀哭」。

天主教會採用教父的這幅圖畫時，特別說到：有一位婦女看見耶穌背負著十字架時，她從人群中走出來，上前靠近耶穌，拿出一條手帕擦拭耶穌的臉，這個舉動確實會令當時擠在路旁觀看的群眾大為震驚，因為耶穌是當時人人喊打、喊殺、準備要處死的大惡人，圍觀群眾中怎麼會突然冒出一個女人，敢在眾人面前做出這麼突兀的舉動？她難道不怕被路旁的男人打罵，或是被其他在場的婦女咒罵嗎？我深信，這位婦女必定都想過了這些可能性，否則她不會敢冒這麼大的風險，拿著手帕走向耶穌，只為了擦拭他臉上的血汗。

在當時，大家都在路邊看熱鬧，也都看到了耶穌的頭因為戴著用荊棘編織而成、隱含諷刺意味的冠冕，而流下許多鮮血，又因為背負著沉重的十字架而汗流浹背。但在這樣悲慘的景況中，周圍都是咒罵的聲音，嘲笑的聲音更多，丟擲穢物的更是大有人在，大多數人是不會為此感到哀傷的。

更令人不解的是：才在不久之前，城內居民還簇擁在耶路撒冷城門口，大家夾道歡呼地迎接耶穌入城，同聲歌頌著：「願上帝賜福給奉主名來的君王！天上有和平，榮耀歸於至高上帝！」（參考路加福音19:38）這也不過是幾天前的事情而已，同樣是這些民眾，卻在羅馬總督彼拉多審判庭的廣場前大聲喊叫，要把耶穌「殺掉」，並要求把他「釘十字架」。

也同樣是這些群眾，他們現在擠在路旁，觀看耶穌扛著沉重十字架走向各各他刑場，沒有人悲憫，也沒有任何人為他發出嘆息的聲音，唯一這樣做的，就是一些在男人眼中根本什麼都不懂的女人，她們沿路跟隨哭泣著，然後有一個女人突然從群眾中冒出來，用不捨的眼光和充滿憐惜的動作，拿出一條手帕為耶穌擦拭頭上流下來的血，也擦拭著額頭流到臉上的汗水。她用這種方式表示對耶穌的疼惜，也用這種方式來說明她心中的痛。其實，這種心中的痛，不僅是在她的身上，也在和她在一起的那些婦女當中。

這個拿手帕給耶穌擦拭臉上血淚的婦女，她是不敢發出聲音的，她唯一能做的是用外面聽不見、在她內心卻極為響亮的聲音呼叫著上帝，她在問上帝：為什麼會允許這件事發生？她甚至祈求上帝趕緊伸出全能的手，阻止這件事的進行。但她也知道自己的聲音很弱小，弱到不敢發出一絲絲的聲音來，就是怕被別人聽見。她想到用手帕去擦拭耶穌的臉，這是她唯一可以為耶穌所做的最後一件事。

勇敢傳福音的女性

這位走出人群並拿手帕擦拭耶穌臉上血汗的女人，這種勇敢的態度，就像在日本統治台灣時代，有一位名叫姬望的婦女（Ciwang. Iwal），她是太魯閣族人，出生在今天「加灣」山頂上的頭目家，與平地人馬鳳結婚。但因為先生馬鳳被不認識的族人誤殺，後來她又和另一位漢人信容結婚，生下一女，名叫阿銀。信容不久之後因病去世，這讓姬望非常難過，但她也因為兩次婚姻而懂得日語。

一九〇五年，日本人因為姬望懂得日語，請她對自己的族人講話，希望她說服太魯閣族人不要再用武力抵抗，可以放下武器謀和。頭目及所有族人都聽了姬望的勸說而繳械，姬望達成了這項任務，因此日本政府犒賞她許多報酬，她也經商有成，賺了不少錢。但不久後，她被一個來自台中的漢人騙婚而被騙走所有財物，她非常難過，本想以自殺來結束生命。

就在這時，她在一九二三年遇到了花蓮港教會的李水車傳道夫婦的安慰、鼓勵，開啟了新的人生。她開始學習認識聖經，並在一九二四年接受洗禮而成為原住民第一位信耶穌的信徒。她經常向族人傳福音，講聖經故事給族人聽。在一九二九年，她被孫雅各牧師帶到淡水的聖經學校，接受兩年的神學訓練，並回到花蓮卡來灣住處，開始向來訪的族人傳福音。她的腳蹤遍布整個太魯閣族人居住區，南至花蓮縣卓溪鄉立山村山里，北至秀林鄉和平部落。

然而，在日本統治台灣時代，有個很重要的政策，就是不允許任何宗教傳入原住民部落、社區，因為日本政府準備要將原住民部落全部「神道化」。因此，當日本警察聽到了她傳福音的消息，把她叫去，她很坦白地告知自己已經是基督徒，有傳福音的使命感。

起先，日本警察都是採取警告方式，但後來發現她還是四處去原住民部落傳福音。警察跟蹤她，要抓她。有一次她在花蓮卓溪傳福音，遇到警察要來抓，有四位太魯閣青年壯漢連夜輪流背著她，經過小山路到達三民火車站，搭乘夜班車回花蓮。她常勉勵信徒，隨時要有殉教的心理準備和決心，也常對信徒說：「為主受苦受難，是榮耀上帝，是上帝所喜悅，並且會得到祂的報償的。」

雖然日本人嚴密地監控姬望的行動，但她依然不改宣教的決心。她常利用夜間、叢林、山洞，或利用族人上山工作時，在山上帶領族人聚會作禮拜。她的勇敢與堅持，影響了太魯閣族人的生命。許多受姬望感召的族人，紛紛投入地下教會的工作。有不少族人因為聽了姬望傳福音而常被日本警察抓去毒打，但這些信徒都不為所動。姬望雖然也是一樣被警察毒打、拷問、威脅，但都沒有屈服，只為了要見證福音。她告訴她的族人，說自己的性命就是耶穌救回來的，信耶穌，可以救贖我們的生命。就這樣，太魯閣教會建立了起來。

人總是以為數目多、聲音大、武力強，就會贏。確實，就像〈路加福音〉作者所說的，站在總督彼拉多審判廣場前的民眾，就是「大聲喊叫，堅持把耶穌釘十字架；他們的呼喊終於得勝」。於是彼拉多照著他們的要求宣判，把「那個作亂殺人、囚在獄中的兇手釋放了，又把耶穌發交給兵士帶去釘十字架」（參考路加福音23:23-25）。

但聖經告訴我們，上帝並不會垂聽這種集體作惡者的聲音，更不聽有權勢者欺壓弱勢者得勝之後而發出的歌頌聲音，不會！相反地，上帝會垂聽被欺負者哀哭的聲音，也會垂聽那些被逼到死胡同角落裡，卻找不到幫助者的呼求聲音。先知以賽亞傳達上帝的信息這樣說：

上主說：我的意念不是你們的意念；
我的道路不是你們的道路。
正如天高過地，
我的道路高過你們的道路；
我的意念高過你們意念。（以賽亞書55:8-9）

我們確實無法知道上帝為什麼會允許耶穌被釘死在十字架上，就如同我們無法理解這位婦女為什麼敢在眾人面前走出來，拿手帕去擦拭即將被釘死在十字架上的耶穌的臉一樣。但我們知道耶穌的死，使我們從罪惡中獲得釋放，而這位婦女勇敢地走出來一擦，也擦亮了許多人的心靈，許下了他們的心願，終身在偏遠地區獻身傳福音的工作。

我喜歡長老教會台語聖詩有一首詩歌《主受釘彼時，你有佇遐無？》（第88首）詩歌內容在問：當主耶穌被釘十字架時，你在哪裡？有在場嗎？這首詩歌也會讓我們思索，當耶穌扛著十字架走向各各他刑場時，我們若是站在路邊，是在叫喊著「好，殺死他」呢？或是像那群婦女夾雜在群眾中哀傷、痛哭？或是像這位婦女從群眾中走出來，拿手帕擦拭耶穌臉上的血與汗？

經文默想

1. 想想看，當這位婦女從群眾中走出來，去到耶穌面前時，民眾的反應會是怎樣？那些羅馬兵士的反應又會是如何？而你會怎樣看這位婦女？如果換成是我們，你會怎樣做？
2. 有一群婦女從耶穌和門徒在加利利地區傳福音開始，就奉獻她們的財物供應他們的需要。想想看，在我們居住的土地，你有認識類似這樣的兄姊，總是默默協助他人的傳福音事工嗎？

3. 在聖經的時代，就和台灣戒嚴時代一樣，就算有人被無辜陷害，也不能公開發出怒吼的聲音，為這樣的受害者伸冤，甚至是不敢接近，以免受到牽累。但現在時代環境已經大不相同了；在現今時代，你若有看到或聽到類似這種無辜受害的冤屈者，你會怎樣做呢？會想盡辦法為他們發聲伸冤？或是去關心他們的家庭生計？

祈禱文

主，我們的上帝，祢知道我們是軟弱的人，對於不公不義的事往往是聽而不聞、視而不見，以為自己很聖潔，不干涉世上這些俗事。但我們知道就像耶穌所說的，當審判來臨時，祢一定會追究我們作為上帝祢的子民，應該有的社會責任。我們懇求祢賜給我們智慧、信心和勇氣，會伸出救助的手，給予受冤屈的人溫暖的愛，幫助他們獲得伸冤的機會。

謝謝祢的恩典，奉主耶穌的名祈求。阿們。

第7站✦耶穌第二次跌倒

狂傲的人與敬虔的人

耶穌走向各各他刑場時，因背負我們的驕傲而第二次跌倒。

他被藐視，被人棄絕；他忍受痛苦，經歷憂患。
人都掩面不看他一眼；他被藐視，我們不敬重他。
但是，他承當了我們的憂患；他擔負了我們該受的痛苦。
我們反認為他該受責罰，該受上帝的鞭打和苦待。
為我們的罪惡，他被刺傷；為我們的過犯，他挨毒打。
因他受責罰，我們得痊癒；因他受鞭打，我們得醫治。
我們都像一群迷失的羊，各走自己的路。
但我們一切的過犯，上主都使他替我們承當。

——以賽亞書53章3–6節

苦路第七站的這幅圖畫，描繪耶穌背負十字架在途中第二次跌倒在地上。其實，福音書中並沒有這樣的記事，而是天主教會採用了早期教父所說的。這幅圖畫並不是在說耶穌扛不動十字架，所以才會第二次跌倒，因為在他第一次跌倒後，羅馬兵丁就強迫古利奈的西門替耶穌扛起十字架了。

早期教父說耶穌第二次跌倒，是要幫助信徒清楚知道，每個人身上都有無法原諒的驕傲之罪，就是因為人的驕傲，才導致耶穌成為人人高喊釘死十字架的囚犯，好像犯了什麼罪大惡極的事一樣，而這項嚴重的錯誤指控，嚴重到使耶穌「精疲力竭，無法承受下去，因而再次跌倒在地」。這樣說來，耶穌背負十字架會跌倒，並不是體力的問題，而是因為我們的罪，這種罪就是驕傲。

最能代表人類驕傲的罪，就是科技的發展。讓我印象最深刻的，就是一九九六年七月五日，英國蘇格蘭愛丁堡大學的生技科學家，成功複製一隻母綿羊，取名為「桃莉」。這個複製成功的消息，是直到半年後的一九九七年二月二十二日才對外宣布，可以想像得到，馬上引來各國媒體的廣泛關注。

通過轉播，全世界都看到了桃莉和那群複製牠的科學家們在一起的畫面。科學雜誌將桃莉的誕生評選為該年度最重要的科技突破。這項科技發展證明了一個哺乳動物的特異性，就是分化的細胞也可以發展成一個完整的生物體。這就引發了一般大眾的聯想：有一天，人類也可以發展出複製人。若是如此，這對人類世界是福、還是禍？因此，桃莉羊的複製成功，在一片讚譽聲中，同時也引來了許多爭議。

早在桃莉羊複製出來的六十四年前，英國的生物學家阿道斯．赫胥黎（Aldous Leonard Huxley）在一九三二年出版了一本書《美麗新世界》（*Brave New World*）。他祖父湯瑪斯．赫胥黎是知名生物學家，他從小就和兄弟浸淫在「生物科學」的環境中。他是個典型的文學家，創作甚多，其中以《美麗新世界》寫得最為獨特。

故事內容是將時間設定在公元二十六世紀左右，那時人類在未來的新世界中，已經泯滅了人性，在嚴密科學控制下，實驗室裡擺滿了各式各樣的胚盤，且依智商分類，要培養出來的「人」是多少的智商，這樣培育出來的「人」，身分一出生就被註定，是一生都將成為奴隸的生物。

赫胥黎的創作反映出科技的發展只會把人性抹滅，而絕對不會為人類社會帶來幸福。當他這本被認為是反烏托邦的經典之作發表後，造成社會上廣大的迴響與激烈討論，在文化、音樂、電影界都造成了深遠的影響。

將赫胥黎認為科技發展可能帶來的「新世界」，對照最近引起全世界注目的「ＡＩ」科技發展，已經可以造出「ＡＩ機器人」了，有一天這種「ＡＩ」的「新人類」將會取代現在我們這種來自上帝用祂的形像所造出來的「自然人」。當人類生病去醫院時，看診的就是ＡＩ醫生，醫院將改成一條輸送帶，病人躺在輸送帶上，醫生就坐在帶子旁邊，電腦掃描診治結果，身體內部器官有任何損壞的，就換上ＡＩ發展、製造出來的３Ｄ列印器官。

其實，赫胥黎的作品就是提出這個問題：一個從母親懷孕而生出來的人，若是他的內臟器官（包括血液）都是科技產品時，這個人到底是什麼人？如果這個人和生育他的父母的關係連結不起來，這樣的人又要怎樣跟上帝有關係？若是沒有關係，那生命的意義又是什麼？

上述這些現象都不是虛構，而是已經來到我們的生活當中。但問題是：如果科技不是為我們人類生命帶來尊嚴，而是由握有這種科技能力的人掌控著，我們將會看到的，就是這種人在無形中扮演著「上帝」的角色，主宰著人類世界的命運，這才是人類生命的危機。因為這種人自命可以取代上帝，也可以號令所有人都聽從他的旨意，這就是聖經所說的驕傲。

人類最大的問題

人會驕傲，不是現在科技時代才開始，而是當人握有權力——包括經濟財富、軍事、政治、學識、能力……等等——的時候就會驕傲起來。而這種人的思維中，自己就是神明的化身，所有的人都只能屈服於他、聽從他。整本聖經就是在告訴我們，人類最大的問題，就是驕傲。因為驕傲之人的心中，是不會有上帝的，也因為不會有上帝，他活在世上的日子，只要握有權勢，就會為所欲為、無法自律。〈詩篇〉的詩人就這樣說過：

狂傲人自言自語：沒有上帝。
他們都腐敗，做了可厭惡的事；
連一個行善的人也沒有。
上主從天上察看世上的人，
要看看有明智的沒有，
有沒有尋求他的人。
可是人人偏離正路；
個個同樣的腐敗。
沒有行善的人，

連一個也沒有。（詩篇14:1-3、53:1-3）

使徒保羅曾經在他所寫的〈羅馬書〉3章10至12節中引用這段詩歌，並且說明這是「人人都犯罪，虧欠了上帝的榮耀」。聖經說「上帝的榮耀」時，就是在說上帝的拯救恩典。因此，他引用這詩歌主要也是在說明：耶穌降生到世界上來，就是在顯明上帝的救恩，但因為人類拒絕上帝的救恩，才會將耶穌給釘死在十字架上。

從福音書記載有關耶穌的事蹟中，很容易就發現，把耶穌處死的人，其實不是羅馬統治者，而是握有權柄的猶太人宗教領袖。他們利用祖先傳留下來的「耶和華信仰」，以及上帝忠實僕人摩西所訂定的法律規章，控制著當時所有的猶太人。當耶穌揭發這些宗教領袖的錯誤，包括他們做了最不該做的事（把敬拜上帝的聖殿變成欺騙詐財的「賊窩」），這讓他們決定非要殺害耶穌不可。〈馬可福音〉作者甚至用了這句話來形容這他們：「他們怕他（指耶穌），因為群眾都欽佩他的教導。」這句話的意思很清楚，這些宗教領袖害怕的對象是民眾，他們敢把聖殿變成「賊窩」，表示他們心中早就已經沒有上帝了！

在前面提到的〈詩篇〉中，注意詩人在一開始就說「狂傲人」，這詞所用的希伯來文是*nabhal*，意思是指「不敬虔」。聖經告訴我們「敬虔」是指對上帝的教導非常重視，會認真將上帝的話語落實在生活中。再者，「敬虔」還包括了慈悲的心，就像〈雅各書〉（雅各伯書）作者在1章27節所說的：「在父上帝眼中，那純潔沒有缺點的虔誠便是：照顧苦難中的孤兒寡婦和保守自己不受世界的腐化。」換句話說，所謂敬虔，是除了擁有豐富的慈悲心之外，也知道要保持潔淨的心靈，與上帝之間有美好的來往，而不是隨著社會的腐敗，腐化了自己的心靈。

回到詩人所說的「狂傲人」一詞，就會知道他所指的就是和「敬虔人」相對照的人。這種狂傲人根本聽不進上帝的教導，甚至會用鄙視的態度看上帝的神聖。還有一點：這種人對於苦難中的人，心中是無動於衷的，不會生出憐憫的心，對於社會中發生的苦難，採取視而不見、聽而不聞的態度。就算有所反應，他表達出來的，也是一種有代價的施捨，例如要換取名聲、強化社會美好形象，用以增加自己的社會權勢。這種人就是詩人在此所說的「狂傲人」。

詩人說，這種「狂傲人」會口口聲聲說「沒有上帝」。其實，這句話在我們社會裡一再出現，聽來一點也不陌生。

我們生活中經常會遇到有人這樣問我們：「你說有上帝，那麼，指給我看看。或是讓我摸摸看，我摸得到，我就相信有上帝。」這話很類似胡適所說的，只要是實驗室裡無法測試出來的，都是虛假的。但我們知道，在這世上，實驗室裡測試不出來的「東西」太多了。男女之間的愛情就是其中之一，父母對子女的愛也是，而人內心的苦悶更是難測。

我們身上有許多不了解的病因，即使是在現今科技這麼發達的時代，也無法在實驗室裡測試出來，我們豈不是經常聽到有醫師告訴病患說他無法知道病因嗎？使徒保羅說人最大的問題就是「故意」不承認有上帝（參考羅馬書 1:20-22），這種人在使徒保羅的觀點裡，是非常危險的人。因為心中沒有上帝的人，很容易做出傷害自己也傷害別人的事來。

寫這首詩歌的詩人，很可能是在以色列人被擄去巴比倫當奴隸時，他在反省之後得到一個重要認知：就是因為大家都不再相信上帝了，才會有今天國家滅亡、人民被擄到外國販賣為奴的事。其因就是以色列人以為自己很行，不需要倚靠上帝的帶領，他們的領袖都很狂傲，自認很偉大，可以解決國家面臨的困境，他們呈現出來的態度，就是和不相信有上帝是一樣的心態。

「厭棄」耶穌

這位詩人所提出的問題，也正好是今天的世界要認真學習的功課。當人類科技越來越發達的時候，所表現出來的豈不就像是「沒有上帝」一樣？把科技當成神明看待，只要科技越發達，感覺上帝就越渺小，甚至是把上帝塞到隙縫中放著，除非有需要，否則沒有也無所謂，這種心態有越來越明顯的趨勢。

驕傲之所以成為罪的記號，除了否認上帝的命令外，更嚴重的是想要跟上帝比高低，甚至是想要取代上帝。這點從先知以賽亞描述巴比倫帝國衰敗的原因中就可看出。他說：

巴比倫王啊，你已經從天上墜下來了。你征服過列國，現在你卻被摔倒在地上。你一度夢想爬到天上去，把你的寶座放在上帝的眾星之上；你想坐在北極山上，那眾神聚會的地方。你說，你要爬上雲端，在那裡跟至高者共比高。哪曉得你一跤跌進陰間，掉入深淵。（以賽亞書 14:12-15）

看吧，這就是有權勢者驕傲的真面目。有的人雖然沒有說出來，心裡往往就是這樣想。被譽為英國「電磁學之父」的物理學家麥可．法拉第（Michael Faraday）說過一段很值得我們謹記在心的話：「科學，是用來回應上帝的愛，而不是用來炫耀自己能力的。」他是一位虔誠的基督徒，他知道科學家最大的危險，就是驕傲。

先知以賽亞寫出的這段受苦僕人的詩歌，就很清楚地描述了人在犯罪當中所顯示出來的惡形惡狀，是藐視、拒絕上帝的救恩。他提到上帝差遣到世上來的救主，竟然被人給「藐視，被人棄絕」，表示在這位救主的時代，沒有人理會他，雖然他傳揚上帝的話語，卻不受歡迎。

〈馬可福音〉作者說耶穌出來傳福音的時候，他故鄉的親友也這樣說：

「這個人從哪裡得到這本領呢？誰給他這種智慧呢？他居然能夠行神蹟！他豈不是一個木匠？他不就是馬利亞的兒子，雅各、約瑟、猶大，和西門的哥哥嗎？他的妹妹們不是都住在我們這裡嗎？」於是他們厭棄他。（馬可福音6:2-3）

看吧，即使是故鄉的親友也「厭棄」耶穌，這種厭棄和他出身的背景有絕對關係，這顯示出人總是喜歡看亮麗的外表，卻甚少去注意真實內心的重要性。但聖經作者讓我們學習並認識到：我們的上帝並不看人的外表，而是看人的內心（參考撒母耳／撒慕爾記上16:7）。

接著，先知以賽亞繼續描述說這位忠實的僕人是「忍受痛苦，經歷憂患」，而這也是上帝忠實僕人經常會遇到的際遇，就像先知以利亞（厄里亞）曾受到自身生命被殺害的威脅（參考列王紀上19:1-4, 10）；先知阿摩司（亞毛斯）則是被國王的大祭司警告，不可以說對國王和國家不利的話（參考阿摩司書7:12-13）；先知米該亞（米加雅）因為講國王不喜歡聽的話，而被國王關在監獄裡（參考列王紀上22:26-27）。

先知耶利米（耶肋米亞）也是一樣，不但被人戲弄，每當他宣傳上帝的信息，總是惹人討厭（參考耶利米書20:7-8），後來還被關入監牢（參考耶利米書38:5-6）；另一位先知哈拿尼（哈納尼）也是遭到這樣的對待（參考歷代志／編年紀下16:10）；除此之外，也有先知是遭到追殺（參考耶利米書26:20-23），就像先知以利亞向上帝控訴時所說的：

> 上主—萬軍的統帥啊，我一直專心愛你。但是以色列人民背棄了你與他們立

的約，拆毀了你的祭壇，誘殺了你所有的先知。現在只剩下我一人，他們還要殺我！（列王紀上19:10）

你看，殺到只剩下先知以利亞一個人，亞哈王（阿哈布）和王后耶洗碧（依則貝耳）還是不放過他，只想要把上帝所有的忠實僕人都剷除，這樣他們就不用一再聽到上帝的聲音。他們會這樣做，沒有別的原因，就是想要取代上帝，扮演上帝的角色，只想聽自己想要聽的聲音。為了達到這個目的，亞哈王乾脆在自己的宮廷裡御養了四百個先知（參考列王紀上22:6），這些先知都是假的，他們只會講亞哈王和王后耶洗碧喜歡聽的話，因為他們夫婦早已拒絕了上帝。

也因為這樣，他們要把所有忠實地傳遞上帝話語的先知給消滅殆盡，這樣他們就可隨心所欲，為所欲為。就像他們用錢收買兩個流氓作假證，說拿伯（納波特）說了褻瀆上帝和國王的壞話，又控制宗教法庭的法官，將拿伯判處「用石頭打死」的罪，然後將拿伯的葡萄園沒收、佔為己有（參考列王紀上21:8-16）。

受難的僕人

上帝忠實的僕人先知經常遇到的，不僅是有權勢者（如國王）這樣的對待，也會被一般人民所厭棄，人們甚至會把這些忠實的僕人當作痲瘋病人一般，就如同先知以賽亞所說的，人人「都掩面不看他一眼」，還會保持距離，使他們如同被隔離出來的病人一樣。不但這樣，先知以賽亞說這個受苦的僕人所承受的苦難之大，並不只是一般人的疾病或是所犯的罪過，而是遠遠超過我們所能想像的範圍，因為大家都認為他承受這種生命的苦難是應該的，認為他受到「責罰」、「鞭打」、「苦待」等，都是因為得罪了上帝才導致這種重大結果。

所有這些現象我們都可以在耶穌身上明顯看到，在他傳道的過程中，多次遇到經學教師等宗教領袖們的逼迫，甚至想要殺害他（參考馬可福音3:6），為了要打擊他，還說他是被鬼王別西卜附身才有能力趕鬼（參考馬可福音3:22），連他在自己的故鄉拿撒勒也差點被鄉親殺害（參考路加福音4:28）。

最後，他被逮捕、帶到大祭司府邸審問時，這些宗教領袖想盡辦法誣告他，並且在毫無證據的情況下就判處他死刑，然後還加以羞辱（參考馬可福音14:55-56、64-65）

等等，這些都在說明耶穌就是遭到當時人們的這種對待。而這種遭遇也一再出現在使徒保羅的身上；他也曾被責罰、鞭打、苦待，不但羅馬人鞭打他，連猶太人也是一樣不放過他（參考哥林多後書11:23-25）。

先知以賽亞說上帝忠實的僕人遭遇到「刺傷」，這是一種致命的傷害，就像〈約翰福音〉19章34節記載耶穌被釘十字架後，有一個兵士用槍「刺」他的肋旁。而另一種對待上帝僕人的方式，是「毒打」，這是古代對重刑犯的一種懲罰方式。在耶穌的身上也看到了這樣的懲罰（參考約翰福音19:1），因為他們判處他釘死十字架的刑。

但是，就在種種羞辱當中，先知以賽亞說這位忠實的僕人「受責罰，我們得痊癒；因他受鞭打，我們得醫治」，這樣的詩句若用在耶穌的身上，就可很清楚看出是在表明「贖罪」的意思。

在使徒保羅所傳的福音信息中，最重要的就是在這裡，他說我們和上帝之間原本因罪所帶來的分裂，如今因耶穌的死而成為贖罪的代價，使我們和上帝之間可以重新修復和好的關係（參考羅馬書3:23-25）。

如果說十字架是代表著人犯罪的記號，這種罪並不是人世間所說的違背法律規章的司法問題，而是更深層的罪惡，代表著人離棄了上帝，心中不再相信上帝，甚至認為上帝根本就不存在，要不，就是認為上帝並不是公義的神。

這就是早期教父認為，當耶穌扛起象徵著人類重大罪惡的十字架，走向死亡刑場各各他時，他的跌倒，正好表示人類的罪惡是多麼沉重，重到他幾乎扛不起而跌倒在地上。那沉重的壓力，導致他幾乎無法繼續前進。就在此時，羅馬兵丁一定是揮起鞭子再次打下去，不會有任何留情，也不會有任何悲憫之心，因為在羅馬兵丁和當時圍觀的猶太民眾眼中，耶穌就是典型的重大罪犯，才會有彼拉多審問耶穌時，群眾會大聲叫囂、堅持非要將耶穌釘死在十字架上不可。

但就像使徒保羅所說的，此時的耶穌，他為了要完成上帝救贖的使命，他「自甘卑微，順服至死，且死在十字架上」（參考腓立比書2:8）。這如同先知以賽亞所說的，在「迫害、受虐待」之下，這位受難的僕人，一言不發，像「待宰的小羊，像被剪毛的羊」，連吭一聲也沒有，就這樣繼續背負著苦難的十字架走向刑場去受難。

耶穌是為了扛起人類的罪，背負著代表著沉重之罪的十字架走向各各他，人類的罪重到耶穌幾乎難以背負，才會跌倒在地上。這是我們從此圖中可以好好省思的生命功課。

經文默想

1. 如果十字架表明了人類犯罪的記號，那麼，在你的看法中，人類最大的罪惡是什麼？
2. 在〈詩篇〉14篇1節中，詩人說人類世界「連一個行善的也沒有」，這句話一點也不陌生。〈創世記〉6章5節記載說：「上主看見人類個個邪惡，始終心懷惡念。」然後在大水淹沒整個大地之後，上帝又很感慨地說「人從小就心思邪惡」（參考創世記8:21）。你想這到底是怎麼一回事呢？
3. 今天的基督教會都是用耶穌的十字架建構起信仰團契。想想看，什麼時候基督的教會使這種代表著「沉重罪惡的十字架」跌倒了？今天教會這信仰團契中的領導者，是否也會把自己「神化了」，例如建構了權威，不容許信徒質疑領導者的純潔、真實？若是如此，耶穌背的十字架是否會再次跌倒？

祈禱文

憐憫的上帝，祢知道我們都是罪人，往往聽不進祢在聖經中的教導，卻常想要用自己的想法、認知取代你的教導，懇求祢因耶穌在十字架上救贖的愛，赦免我們。我們懇求祢賜給我們謙卑的心，知道盡心盡力去做符合你旨意的事，賜給我們力量以抵擋魔鬼的誘惑，不叫我們遇見試探而想要離棄祢。使我們一生都緊隨著祢的教導，直到世界末了。

奉主耶穌的名祈求。阿們。

傾聽弱勢無助者的哭聲

第8站✦耶穌對跟隨的婦女說話

有些婦女跟在耶穌身後哀哭，耶穌因此轉過身來對她們說話。

一大群人跟隨著耶穌，其中有些婦女為他悲傷哀哭。耶穌轉過身來，對她們說：「耶路撒冷的女子啊，別為我哭，要為你們自己和你們的兒女哭！因為日子就要到了，人要說：『未生育、未懷過胎、未哺育嬰兒的，多麼幸運哪！』那時候，人要對大山說：『倒在我們身上吧！』要對小山說：『遮蓋我們吧！』因為，要是他們對青綠的樹木做了這樣的事，對枯乾的樹木又將怎樣呢？」

——路加福音23章27－31節

以上這段記事是〈路加福音〉特有的資料。作者路加很喜歡介紹給我們認識的耶穌，是會關心當時猶太人社會中最容易被疏忽、鄙視、排斥的對象，例如猶太人最不喜歡的「稅吏」，耶穌是稅吏的朋友，更特別的是，他招收的門徒中就有一位名叫「利未」（後來改名為「馬太」）的稅吏（參考馬可福音2:13-14）。耶穌去到耶利哥城時，還特地去稅務長撒該（匝凱）的家作客（參考路加福音19:1-10）。

作者特別注意到，當時社會最瞧不起的對象，就是妓女，但耶穌卻是妓女最好的朋友；她曾用極為珍貴的香油膏抹耶穌的腳（參考路加福音7:38-39）；而撒馬利亞人（撒瑪黎雅人）是猶太人拒絕來往的對象，卻是耶穌口中會實踐摩西法律之教導的人（參考路加福音10:30-37），而且是比猶太人更知道感恩的人（參考路加福音17:11-19）；外邦人對耶穌的信心遠遠勝過以色列人（參考路加福音7:1-10）等等，這些都是〈路加福音〉非常特別的觀點。

前面已經提過，在以色列文化中，婦女和小孩的地位非常低，在核算人口時，都不會把婦女和小孩登記在戶口名冊上，用比較粗俗的話來形容，就是他們「不算人」。聖經中會將女人的姓名寫出來，是因為有特別發生了某種事，例如〈馬太福音〉1章1至16節記載耶穌的族譜中，只提供了四個女性的名字：

一是第3節的塔瑪（塔瑪爾），是因為她和公公猶大亂倫；二是第5節的喇合（辣哈布）；她是耶利哥城內的一個妓女，因為保護約書亞（若蘇厄）派去的兩名探子，在該城毀滅時，她全家族都被留下性命，後來嫁給撒門（撒爾孟）；三是第5節記載的路得（盧德）；她是摩押女子，因為嫁入拿娥美（納敖米）家當媳婦，後來丈夫過世，就跟婆婆拿娥美回故鄉伯利恆，在婆婆的策劃下，嫁給波阿斯（波哈次），可以說〈路得記〉就是一本以婆婆拿娥美和媳婦路得作底寫出來的經書；四是

第16節提到的馬利亞，她是耶穌的母親。

還有很多女性，她們雖然在族譜中只是被輕輕地帶過，但往往是影響以色列歷史最重大的對象。就像〈創世記〉第34章中記載的雅各女兒底拿（狄納），因為她被示劍（舍根）強暴，導致雅各的兒子西緬（史默紅）和利未（肋未）策劃對示劍城進行大屠殺，導致雅各為了此事帶著家族逃離示劍地區，也因此才有了雅各詛咒西緬和利未的事（參考創世記49:5-7）。此外，〈撒母耳記下〉第11章記載大衛和下屬妻子拔示芭犯姦淫罪，後來他們兩人生下兒子所羅門，也是在拔示芭的要求下，大衛才將統治以色列的大權交給所羅門。

聖經作者也用不少篇幅介紹分裂後的南國以色列王亞哈，他的妻子耶洗碧迷惑亞哈離棄上帝，幾乎殺盡了所有的先知（參考列王紀上19:10）等，這些都是聖經中女性出現名字的例子。其實還有很多，有的根本沒有寫出名字，卻深深地影響了歷史，摩西的母親就是其中一位。

公元前七二一年北國以色列被亞述帝國消滅，所有具備戰鬥能力的男人都被擄去奴隸市場販賣（參考列王紀下17:5-6），這時，以色列拉比為了保存民族命脈，重新解釋：只要婦女是以色列人，無論她嫁給什麼族群，生下來的孩子一律看成以色列人；

相對地，凡是以色列男人，結婚的對象若是外邦人，所生下來的孩子需要經過祭司的檢定通過才算是以色列人。從這裡也可以看出，聖經作者雖然帶著濃厚以色列傳統文化中重男輕女的筆調，但也常在筆下突顯女性的貢獻和重要性。

不用為我哭泣

〈路加福音〉作者是醫生路加，他是外邦人，但因跟隨使徒保羅去傳福音，也一再經歷到猶太人文化中這種對婦女和外邦人的疏忽，因此，當他寫這本福音書時，就有個很重要的用意，要將耶穌的故事介紹給非猶太人認識，讓猶太人口中的外邦人也能享有上帝在耶穌裡拯救的愛，因為上帝的這種愛是普及到萬民的（參考路加福音2:10），而不是僅僅留在猶太人的圈子裡。

更特別的是，路加筆下的耶穌和門徒去傳福音時，對他們幫助甚大的就是一群婦女（參考路加福音8:1-3）。這樣的筆調也出現在他所寫的〈使徒行傳〉，認為對使徒保羅傳福音幫助最大的，就是賣紫色布的婦女呂底亞（里狄雅，參考使徒行傳16:11-15，腓立比書4:14-16）。

本篇開頭所讀的這段經文，作者路加說這些跟隨耶穌的婦女是「悲傷哀哭」，作者用這樣的詞，含有很濃厚的末日預言之韻味，這點從〈路加福音〉21章23節記載就可看出，耶穌說：「在那些日子裡，孕婦和哺育嬰兒的母親就苦了！嚴重的災難將臨到這地方，上帝的義憤要降在這人民身上。」但現在是耶穌聽見了這些跟隨著他的婦女們，在痛苦中哭泣的聲音，於是耶穌轉過身來，要她們不用為他哭泣，並對這群哭泣的婦女說，應該要為「你們自己和你們的兒女哭」。

要注意的是，作者路加說耶穌在這裡指的是「耶路撒冷的女子」，因此，比較正確的說法，是這些婦女可能並不是那些從加利利跟隨耶穌來到耶路撒冷的，而是有一群住在耶路撒冷的婦女；她們很可能去過加利利聽耶穌傳講上帝國信息，也曾親眼目睹耶穌所行醫治的各樣神蹟奇事。

依照〈馬太福音〉21章14至15節所記載的，耶穌在耶路撒冷聖殿外院也曾行過醫治的神蹟，連「祭司長和經學教師」也都看見耶穌所行的許多奇蹟。從這些記載看來，這些婦女即使沒有去過加利利，也應該在耶路撒冷城內看過耶穌所行的神蹟奇事。但也有可能這群耶路撒冷的婦女根本沒去過加利利，卻聽聞過有關耶穌的事，因為耶穌的名聲早已傳遍整個巴勒斯坦地區了（參考馬可福音3:7-9）。也就是說，她們聽過或親眼看過，因此她們相信耶穌是個「好人」，卻被判處釘十字架之死刑，因而跟隨在耶穌身後，一面哭泣著，一步步走向各各他刑場。

耶穌在這裡對這些悲傷哀哭的婦女說：「耶路撒冷的女子啊，別為我哭，要為你們自己和你們的兒女哭！」很不幸地，耶穌的這句話在公元七十年發生了，那就是公元六十六年聖殿外院擴建完成，猶太人想要再次舉辦一場盛大的感恩獻祭禮儀，這時激進黨派就借此機會在群眾中發起動亂，演變成反抗羅馬統治的行動。為了壓制群眾叛亂，羅馬皇帝派出將軍提多（Titus）率領正規軍開始步步進逼。提多帶領軍隊攻入耶路撒冷城，並且拆毀城牆，同時燒毀了聖殿。

就這樣，聖殿被拆毀了，只剩下直到今天尚能看到的西牆（也就是「哭牆」）一片而已。耶穌當年說「沒有一塊石頭留在另一塊石頭上」的預言（參考馬可福音13:2）果真應驗了。

依照猶太人史學家約瑟夫（Josephus）在他所寫的《猶太人戰爭史》第五卷的說法，羅馬提多將軍的策略，就是仿效公元前五八六年巴比倫帝國的做法，不攻打，只圍城。提多從公元六六年開始圍困到公元七十年，耶路撒冷城共計有一百一十萬人因為飢餓或是有人搶劫食物而被刀刺死，被活捉的就多達九萬七千多人。

約瑟夫說有人四處尋找食物，就連牛糞也拿來充飢。城門打開，城內死屍遍地，惡臭沖天。這也是同樣的歷史事件會再次上演之因：把耶路撒冷城牆拆毀，接著燒毀該城和聖殿。看吧，這豈不就是耶穌在這裡預言所說的，那是從「創世以來未曾有過的」大災難（參考馬可福音13:19），結果確實如此。

猶太人看耶路撒冷聖殿比什麼都重要，絕對不會輕易任它被外人玷汙或摧毀。因此，當提多將軍率領正規軍攻入耶路撒冷，要拆聖殿時，還有一點點力氣的猶太人必定會使盡所有力量維護它，但那種抵抗之力道，就有如拿雞蛋對抗石頭一樣，一點作用也沒有，反而只會帶來更大的傷亡。

其實耶穌說這樣的話，已經在提醒這些婦女，不用為他悲傷，要清楚記住會有上帝的審判來臨，絕對會的。當人自以為是地任由自我權威高漲時，許多無辜者的性命就會慘遭殺害。直到今天，這種殘害生命的事都沒有改變過，光是戰爭所帶來的悲慘景況，就歷歷在目。

人類的罪惡隨著科技的發展，殘害生命的手段只會更殘酷，而沒有絲毫減輕。套句聖經的話：「發生過的事還要發生；做過的事還要再做。太陽底下一件新事都沒有。」（傳道書／訓道篇1:9）確實是這樣！

令全世界震憾的畫面

本章開頭的經文中，注意第29節說：「因為日子就要到了，人要說：『未生育、未懷過胎、未哺育嬰兒的，多麼幸運哪！』」先這樣了解：在聖經時代，一個婦女「未生育、未懷過胎、未哺育嬰兒」是一件很悲哀的事，因為不能懷孕的婦女會被認為是羞恥的記號，就像施洗約翰（洗者若翰）的母親伊麗莎白（依撒伯爾）知道自己已經懷孕、可以生子時，就曾這樣說：「主終於這樣厚待我，除掉了我在公眾面前的羞辱。」（路加福音1:25）

但現在耶穌卻說「未生育、未懷過胎、未哺育嬰兒」的婦女是「多麼幸運」的人，原因是當大災難發生時，有懷孕、已生育且正在哺育嬰兒的婦女，將會因為有稚齡兒女在身邊，逃難時必定會加添許多愁煩和重擔，甚至很可能會因此使幼小的兒女也連帶受難，這種例子在戰亂地區更是如此。

二〇一五年九月三日，最受全世界矚目的一個畫面，就是有一個名叫亞藍的敘利亞三歲男童，在父母攜帶下要偷渡到希臘去逃難，希望能遠離被伊斯蘭國佔據屠殺和引起內亂的慘劇。結果他們全家和其他同樣逃離的難民所搭乘的船，不幸沉沒海中，一家四口只有父親一人存活下來，男童的屍體被沖到土耳其一處沙灘上。這幅照片經媒體揭露後，引起全世界極大震撼，卻應驗了耶穌在這裡所說的話。

然後，接續在第29節之後，耶穌引用〈何西阿書〉（歐瑟亞）10章8節的經文，說在審判的日子來臨時，那時大家都希望躲藏起來，甚至寧願躲在山洞中，這樣大山、小山被大地震搖垮、崩塌下來時，自己就能埋在裡面，總比活著卻要面對審判所帶來的殘酷懲罰與痛苦好過。

先知何西阿的這句話也被〈啟示錄〉（默示錄）作者引用在6章16節，都是在說明當審判來臨時，大家都希望躲藏起來，像是躲在大山、小山之下，但卻無法如願逃避得了，因為每個人都要為自己的所作所為，面對上帝的審判，不能用「都已經死去了」這句話來掩飾人所犯的過錯，因為不論是活人或是死人，都必須要面臨上帝公義的審判（參考啟示錄20:12-13）。

〈路加福音〉作者引用當時流行在西亞地帶的一句俗語：「要是他們對青綠的樹木作了這樣的事，對枯乾的樹木又將怎樣呢？」（第31節）意思是指：羅馬人為了利益，連青綠的樹都會砍伐殆盡，對枯萎的樹木必定更不會手軟。其實耶穌說這句話也是在隱喻，這些猶太人宗教領袖就像已經枯乾的朽木一樣，而耶穌本身就像是生命的活水一般（參考約翰福音4:14），是青綠的樹木。如果連耶穌都受到這樣惡劣的對待，那其他更弱勢的人就更不用說了，其遭遇到的手段必定更殘忍。但這些用殘忍手段迫害別人的人，當審判來臨時，將受到更嚴厲的懲罰。

耶穌的預言

若是從〈路加福音〉8章1至3節記載的資料來看，就會發現，當耶穌在加利利的時候，有一群婦女一直用她們的財物支援著耶穌和他的門徒在傳福音事工上的需要，而且這些婦女也跟隨耶穌，從加利利到耶路撒冷參加逾越節的活動（參考路加福音23:49）。

因此，這群緊隨在耶穌身後哭泣的婦女，很可能有一部分就是來自加利利的婦女，只有她們才真正清楚耶穌並不是耶路撒冷群眾大聲吶喊要釘十字架處死的那種人，也只有她們才真正知道耶穌在加利利為人民所做過的一切美事。因此她們才會難過到哭泣、不捨。不過，前面已經有提過，耶穌回頭時，是針對「耶路撒冷的女子」說話的。耶穌要她們別為他哭泣，要為更大災難的來臨哭泣，而這大災難就是公元七十年所發生的耶路撒冷被羅馬軍隊給徹底摧毀之事件。

耶穌時代的耶路撒冷城和聖殿，是在公元前五三六年左右，波斯帝國消滅了巴比倫帝國後，皇帝塞魯士下令釋放殘存的以色列人，讓他們回到故鄉耶路撒冷去重建家園，且特別指明要他們回去重建聖殿。因此，以色列人返鄉之後，就模仿所羅門時代所造的聖殿樣式重建起來。然後在公元前十六年左右，大希律王為了要討好猶太人，還把耶路撒冷聖殿的外院範圍給擴建了，直到耶穌的時代，已經用去四十六年時間還沒有完成（參考約翰福音2:20）。

不但如此，大希律王還特地捐贈了五噸重的黃金，鑄造一棵雕琢非常精緻的葡萄樹，鑲在聖殿的東門入口處。這也就是〈路加福音〉特別提起的，說有人用還願的禮物，把聖殿裝飾得非常美麗（參考路加福音21:5）。而這項擴建聖殿外院的工程，直到公元六十六年才完成。

重新建造耶路撒冷聖殿的石頭，長達十一公尺、高三公尺半、寬五公尺半。這樣巨大的石頭，一塊就重達二十公噸，可以想像那是多麼雄偉的殿堂建築，也難怪門徒在讚嘆時對耶穌說：「老師，你看，這是多大的石頭，多宏偉的建築！」（馬可福音13:1）原因就在於此。然而，當門徒讚嘆聖殿壯美時，耶穌卻有不同的看法，他只是淡淡地回應門徒，說出了令他們感到震驚的話：「你們在欣賞這些偉大的建築嗎？這地方的每一塊石頭都要被拆下來，沒有一塊石頭會留在另一塊上面。」（馬可福音 13:2）

耶穌怎麼會這樣說呢？那是多麼掃興的話啊！連門徒聽了之後，都感到相當訝異而問他幾時會發生這種事。儘管眾人感到訝異，後來事實卻如耶穌所預言的那般發生了，原因沒有別的，只因為猶太人長久以來都有一個觀念：上帝會差遣一位拯救者（彌賽亞、基督）來救他們脫離異族的統治。這是從先知以賽亞說出預言之後，一直存在著的想法（參考以賽亞書 11:1, 10）。

當耶穌用五餅二魚的神蹟餵飽超過五千人之後，就有許多民眾認為耶穌就是他們等待已久的拯救者，因此，想要擁護他作王，但耶穌拒絕了這種熱情（參考約翰福音 6:14-15）。因為耶穌不是要扮演一個軍事上、政治上的王，耶穌是在傳遞上帝國的信息，希望大家都知道要悔改歸向上帝。但是，沒有人想聽這種信息。於是，積極想要推動政治、軍事活動的猶太人就策劃了暴動，才導致提多將軍在公元七十年拆毀了耶路撒冷！

當這些婦女緊隨在背負著十字架的耶穌身後而哭泣時，耶穌讓這些婦女們清楚知道，會有更大的災難在不久之後來臨。耶穌這樣說的時候，也已經在提醒這些婦女，大家若不及時悔改，就算把他釘死在十字架上，也沒有辦法使這更大的災難免除，所以耶穌才會在這裡引用當時流行於西亞地帶的俗語，也就是作者路加在第31節所說的：「因為，要是他們對青綠的樹木做了這樣的事，對枯乾的樹木又將怎樣呢？」

這句話的意思是指，如果好人會受審判，那壞人怎能逃避得了？不可能！另一方面來說，若連耶穌都受到這樣惡劣的對待，那其他更弱勢的人就更不用說了，而這些用殘忍手段迫害別人的人，將受到更嚴厲的懲罰。除非因為悔改而得到上帝的憐憫，否則即將來臨的大災難勢必無法避免。

因此，我們可以理解，〈路加福音〉作者記載耶穌對這些一路跟隨的哭泣婦女說這些話，不論這些婦女是來自加利利，或是來自耶路撒冷城內，耶穌都在提醒她們要做好準備，像希臘敘利亞王安提阿哥四世統治下的殘酷慘劇，將會在不久的未來再次發生。

婦女在聖經時代的以色列文化中，是屬於社會地位低微的族群，她們看見耶穌受到這樣的凌辱、懲罰，卻無法替耶穌說出什麼伸張正義的話，此時她們唯一能做的事，就是用來自上帝賞賜給她們的、也是表達內心痛苦（或歡笑）的眼淚，說出她們對耶穌生命所受到的痛苦和不捨。也是因為她們對耶穌的真誠情感，耶穌的提醒不是告訴其他更有權勢、更有錢財、地位更高的人，而是告訴了她們。

經文默想

1. 其實每個時代都一樣，今天的基督教會也是，在傳福音的事工上，婦女往往都是最重要的推手。在你接觸過的婦女中，你能否舉例說明一則婦女在見證福音事工上盡心盡力的故事？

2. 從本篇開頭的這段經文（路加福音23章31節）來看，一個社會若是對年輕、少年，甚至稚齡的幼兒沒有同情、關懷之心，那又將怎樣對待年紀已經老邁的人呢？想想看，我們的社會福利政策該怎樣擬定才會更周全？

3. 從耶穌預言到公元七十年曾發生羅馬軍隊攻入耶路撒冷，進行大屠殺的事，想想看：二〇一八年以來，中國共產黨政府已經摧毀了超過五百間的禮拜堂，而被抓入監獄的天主教主教、神父、修女數以千計，以及二〇二二年俄羅斯東正教會大主教為該國即將出征的軍隊祝聖，因軍隊正準備入侵同屬於東正教會的烏克蘭，他還在戰車、飛機上灑聖水。像這種軍事、政治等強權之強力壓迫，

你覺得我們應該怎樣面對、省思這樣的事件？

祈禱文

憐憫的上帝，我們活在世上的日子，一再聽到有權勢的人在迫害弱小、卑微的人，我們也經常聽見哭泣無助的聲音從暗巷中傳出來。我們很想伸手給予救助，但我們也發現自己的軟弱無力，甚至會懼怕。我們懇求上帝祢伸出全能的手，救助這些被欺負的人，也幫助我們，增添我們的勇氣和智慧，知道怎樣伸手幫助這些社會被邊緣化的弱勢者。

奉主耶穌的名祈禱。阿們。

第9站✦耶穌第三次跌倒

關於「心硬」的省思

耶穌走向各各他刑場的途中，為我們一再犯下的罪而受盡侮辱。

除酵節（又叫逾越節）的節期快到了。祭司長和經學教師因懼怕群眾，就想法子祕密地殺害耶穌。那時候，撒但進入加略人猶大的心（猶大是耶穌十二使徒之一）。猶大去跟祭司長以及聖殿的警衛官商量，要怎樣把耶穌交給他們。他們很高興，又答應給他錢。猶大同意了，開始找機會，要在群眾不注意的時候把耶穌交給他們。除酵節期內，該宰逾越節羔羊的日子到了。

——路加福音22章1–7節

他受迫害，受虐待，但他一言不發。他像待宰的小羊，像被剪毛的羊，他一聲不響。他被拘禁，受審判，被處死，沒有人關心他。他為了我子民的罪惡離開人世，為了我子民的過犯被置於死地。雖然他從來沒有凶暴的行為，也沒有撒過謊，他卻跟邪惡人葬在一起；他和財主共墓穴。

上主說：他挨打受苦是我的旨意；他的死是贖罪的祭。他會看到自己的後代；他有長久的歲月。藉著他，我要實現我的計畫。經歷了一生的痛苦，我的僕人

> 要重新得到喜樂；他必知道受苦不是徒然。我公義的僕人將因認識我而使眾人成為義人；為了他，我要赦免他們的罪。所以，我要使他在偉人中有地位，在強盛的人中得榮譽。他自願犧牲生命，承擔罪人的命運。他擔當了眾人的罪，為他們的過犯代求。
>
> ——以賽亞書53章7–12節

就像前面提起過的，福音書中並沒有提起耶穌背負十字架走向刑場時，有過跌倒的事。早期教父說耶穌第一次跌倒，是因為身體受到嚴厲的鞭打、踢踹而體力不支；第二次跌倒是因為人的驕傲導致十字架成為沉重的重擔；第三次跌倒則是因為我們經常學習邪惡人的心，一再犯罪，導致耶穌痛苦萬分，難過到極點。耶穌背負了人類這樣的罪，他把這些罪擔都承攬下來，卻也因此沉重到走不動而跌倒在地上。

什麼是罪？一般人對罪的認識，是違背法律的規定。但耶穌的看法很不一樣，他告訴我們，只要心裡有不好的念頭，就是犯罪了。耶穌曾舉出摩西法律的規定來解釋一般對罪的認識，他舉的例子是十誡裡的第七誡「不可姦淫」（參考出埃及記20:14），耶穌說「看見婦女而生邪念的，在心裡已經跟他犯姦淫了」（參考馬太福音5:27-28）。這是因為上帝鑒察人的內心意念，不是只看外表行為。這也是為什麼使徒保羅會說我們不要被這世界同化，要更新我們的心思意念（參考羅馬書12:2，另外可參考以弗所／厄弗所書4:23-24）。

其實，摩西也很清楚人的軟弱，即使訂立了內容很清楚又嚴厲的十誡規矩，人還是會想盡辦法去錯誤解讀或是故意曲解。也因為這樣的軟弱，摩西規定每年全國人民都要用很嚴肅的態度舉辦「贖罪日」，這是每年猶太曆法的七月初十（今天曆法的十月），在這一天全國人民要「禁食，要聚集敬拜上帝」，若有人不遵守這節期，就要從以色列人當中「開除」（參考利未／肋未記23:26-32），可見遵守這節日的重要性，就是要學會悔改、歸向上帝。

使徒保羅的書信就很真實地描述了人性的軟弱，他這樣說：

我們知道，摩西的法律是屬靈的；但是我是屬肉體的人，已經賣給罪作奴隸。

我竟不明白我所做的；因為我所願意的，我偏不去做；我所恨惡的，我反而去

做。」（羅馬書7:14-15）

我所願意的善，我偏不去做；我所不願意的惡，我反而去做。如果我做了我不願意做的，就表示這不是我做的，而是那在我裡面的罪做的。」（羅馬書7:19-20）

這些都在說明罪惡一再想要控制人的良知，也就是上帝創造人所賦予的特別記號——上帝的形像。罪惡最大的努力，就是要撕毀、破壞人類從上帝那裡所得到的形像，使人聽從它的指揮與命令，最後離棄上帝，成為罪惡的奴隸。

心剛硬的人

聖經作者喜歡用「心剛硬」來形容一個人聽不進上帝的話語，這點從〈出埃及記〉第3章到第14章記載、摩西帶領以色列人離開埃及的事件就可看出。該段經文描述，每次摩西將上帝的信息傳給埃及國王，要他釋放上帝的子民離開（因為上帝垂聽了以色列人在痛苦中呼求的聲音），埃及國王總是拒絕。原因是他聽到摩西要把以色列人帶去曠野敬拜上帝，就很火大，以色列人竟然寧願走那麼遠的路途去曠野拜那個又貧窮又一無所有的上帝，這讓埃及國王很無法忍受。

曠野可說是鳥不生蛋的地方，而埃及是富裕到什麼都有的富庶之國，是個想要什麼就有什麼的國家。在埃及國王看來，以色列人這樣的選擇，簡直就是在羞辱他。因此，他心中壓根就瞧不起這位曠野的上帝（參考出埃及記3:14）。

也因為這樣，即使他每次都因為拒絕摩西的請求而帶來極大的災害，他的態度也沒有改變，絕對不相信這位要以色列人去曠野敬拜的上帝會有什麼能耐抵擋他，他還要身邊所有埃及的法師用盡各種方法，對摩西口中所說的這位上帝給埃及的懲罰加以反擊。但是，埃及所有精銳的法師、術士使盡所有能力，結果每次都是失敗收場，埃及國王也還是一樣拒絕接受。

〈出埃及記〉作者就用「上主使埃及王的心剛硬」（參考出埃及記4:21、7:3, 14、9:12、10:1, 27、11:10、13:15、14:4, 8）這句話，表示因為上帝執意要從埃及國王手中將以色列人帶走，才惹了埃及國王極大的忿怒，堅持要跟上帝作對，作上帝的敵人。因此，我們也可這樣了解：當聖經說一個人心硬時，就是在表示這個人拒絕聽從上帝的任何話語、旨意。

〈出埃及記〉作者用「心硬」來表示人拒絕聽從上帝的話，而在先知文獻中，我們可以清楚看到公元前第八世紀的先知阿摩司，是用「再三犯罪」這句話，來形容當時的以色列人和鄰近許多國家、族群，這些國家的領導者就是這樣拒絕聽從上帝的勸告（參考阿摩司書1:3, 6, 9, 11, 13、2:1, 4, 6）最後，他用很無奈的語調說出了上帝對北國以色列人極其失望的話：

時候已經到了，我要使以色列遍地饑荒。他們飢餓，並不是沒有餅吃；他們乾渴，並不是沒有水喝。他們飢渴是因為聽不到上主的話。這是我──至高的上主說的。從南到北，從東到西，他們要到處尋找上主的信息，可是都找不到。（阿摩司書8:11-12）

所謂「聽不到」、「找不到」上帝的話語和信息，是因為他們只在意做生意賺錢，且是用不誠實的手段，而對摩西法律規定的安息日卻是非常輕忽，甚至感到厭惡，總希望這種「無聊」的日子趕快過去（參考阿摩司書8:4-6），因為他們的心已經遠離了上帝。結果，就像先知阿摩司所說的，上帝「絕不會忘記以色列人敗壞的行為」，就在公元前七二一年，北國以色列被亞述帝國徹底消滅，人民被擄到奴隸市場販賣！

而南國猶大也好不到哪裡去，公元前第六世紀的先知耶利米是用「一再」這詞來形容猶大人民，無論上帝忠實的僕人先知怎樣勸告他們，他們總是一再拒絕聽從（參考耶利米書5:6、7:13, 25、9:3、11:7、25:5、26:4、29:19、35:15、44:4）。上帝這些忠實僕人先知們一再勸告、提醒，猶大人民就是不會聽、也不想聽，這才是真正的問題所在。更糟糕的是，他們反而喜歡聽假先知的話，而這些話都是不誠實、虛假的。這些都說明一件事：人類之罪的嚴重性！

將這樣的了解帶入福音書來看，〈馬太福音〉作者就曾描寫耶穌在加利利時，以迦百農當作傳福音的中心，在那裡行過很多神蹟奇事，但顯然該城的人並沒有因為親眼看見耶穌所行神蹟奇事而知道悔改。耶穌感慨地說，若是這些神蹟發生在所多瑪城，該城應該早已經悔改歸向上帝，而減輕受懲罰的負擔了（參考馬太福音11:20-24）。

人的問題就是這樣，像迦百農等城鎮的居民，並沒有因為一再看見耶穌所行的神蹟奇事，就相信他就是基督，或聽從他的教導、趕緊悔改，沒有！他們只是把耶穌所傳講的上帝國信息當作一種新奇、好聽的話，跟經學教師所傳講的不一樣而已（參考馬可福音1:22），也把耶穌所行的神蹟奇事當作有趣、熱鬧的事來看罷了。

即使耶穌「在他們面前行過許多神蹟，他們還是不信他」（參考約翰福音12:37）。因此，當宗教領袖要求耶穌再次行神蹟給他們看時，耶穌嚴詞拒絕了他們的要求，並說：「這時代的人多麼邪惡、多麼不忠！你們竟要求我顯神蹟！不，除了先知約拿的神蹟，再也沒有別的神蹟給你們看了。」（馬太福音12:39、16:4）

注意，耶穌在這裡用「邪惡」、「不忠」等詞來形容他那時代的猶太人和一般民眾，就是在表示當時的人對上帝真的是不夠忠實，表面上看起來相信上帝，心中可不是真的這樣。這點從宗教領袖會把耶路撒冷聖殿從祈禱的殿宇，變成「賊窩」、「市場」就看得出來。

出賣耶穌

再看看福音書作者描寫猶大（猶達斯）出賣耶穌的經過，雖然寫法不一樣，但表達的意思都相同，就是敘述猶大的內心早已經拒絕了耶穌，也拒絕了耶穌一再給他機會，讓他打消出賣耶穌的想法，他寧願聽從撒但、魔鬼的話，去做出這種不該做的事。

例如：耶穌帶領門徒前往耶路撒冷的途中，他在第三次告訴門徒的話中就這樣說：「看吧，我們現在上耶路撒冷去。人子將被出賣給祭司長和經學教師；他們要判他死刑，然後把他交給外邦人。」（馬可福音10:33，馬太福音20:18）然後耶穌

再次對門徒說：「你們知道，再過兩天就是逾越節，人子將被出賣，被釘在十字架上。」（馬太福音26:2）

看，耶穌都已這麼清楚地對門徒說他將會被「出賣」，這很清楚是在暗示猶大，耶穌已經很清楚猶大心中準備要進行的「出賣」念頭，只希望猶大趕緊回心轉意、打消這種念頭，但猶大寧願接受撒但的指令。接下來，猶大利用空檔跑去找祭司長，而且還對祭司長說：「如果我把耶穌交給你們，你們願意給我什麼？」（馬太福音26:15）祭司長很高興，又答應給他錢，就這樣，猶大財迷心竅，積極地找機會要趁著群眾都不注意，把耶穌給出賣。

猶大去接洽祭司長且拿到「三十塊銀幣」的酬金之後，又回來參加耶穌和門徒的逾越節晚餐，就在用飯的時候，耶穌又公開地對著門徒們說：「我告訴你們，你們當中有一個人要出賣我。」（馬太福音26:21）當門徒紛紛趨前問耶穌「不是我吧」的時候，耶穌回答說：「跟我一起在碟子裡蘸餅吃的那個人要出賣我。」（馬太福音26:23）

更扯的是，這時候猶大竟然也靠上來開口問耶穌說：「老師，不是我吧？」而耶穌的回答很清楚：「你自己說了。」（馬太福音26:25）依照〈約翰福音〉13章21節的記載，耶穌是用很嚴肅的語氣對門徒們說：「我鄭重地告訴你們，你們當中有一個人要出賣我。」門徒們聽了之後都面面相覷，問耶穌指的是誰，耶穌很清楚地告訴他們：「我蘸一塊餅給誰，誰就是了。」（約翰福音13:26）〈約翰福音〉作者說，就在猶大接過耶穌給他的餅時，那時撒但就附著他了。不但這樣，耶穌還告訴他「要做的，快去做吧」（參考約翰福音13:27）。其實耶穌的這句話，是在告訴猶大「你真的要做這件事嗎」？但顯然，猶大心意已決。因此，作者路加用「撒但進入加略人猶大的心」（參考路加福音22:3）這句話，來表示此時的猶大已經被撒但控制住了，他的心中滿滿都是撒但的話語、意念，因而聽不進耶穌一再呼籲他、要他清醒過來的話了。

此時，猶大的心是「剛硬」了，無法轉變過來。因此，有一種說法，說猶大這麼做的原因，是想要逼耶穌聽從他的計畫——煽動耶路撒冷民眾起來對抗羅馬統治。

聖經作者就是在告訴我們，人最大的問題，就是只想聽從那會誘惑人離棄上帝，去做違背上帝旨意之事的撒但（魔鬼）話語，卻一再拒絕聽從上帝忠實僕人的呼聲，執意不要回歸到上帝面前。結果就因此離棄上帝，越來越遠，所犯的罪就越來越嚴重，層面也越來越廣。這就是早期教父用耶穌背負象徵著重大之罪的十字架第三次跌倒，來表明人的罪之沉重的原因。

甘願受苦的僕人

當耶穌知道門徒猶大出賣他的事已經無法挽回之後，馬太和馬可這兩本福音書都記載了耶穌的回應方式，就是他被捕、送去審問時，從大祭司官邸臨時召開「三和林」宗教法庭審問開始，直到被移送給彼拉多總督受審時，耶穌都沒有發出任何聲音，來回答這些擁有權力之權貴者所提問的任何問題（參考馬太福音27:12-14，馬可福音14:61、15:3-5）。

甚至，後來從總督彼拉多處再轉移到希律王面前的審問也是一樣，耶穌都是不發一語（參考路加福音23:9），而他這種回應方式，確實讓這些有權勢的人感到不解和驚訝（參考馬太福音27:14，馬可福音15:5）。

類似這種情形，在一九六〇年代中南美洲軍政府治國時代也一再發生過，許多天主教神父、修女遭遇到軍事獨裁統治者的暴虐手段，被處死，只因他們關心貧民苦難者。因此，後來中南美洲發展出「解放神學」，就是在教育人民將這種殘害人民的獨裁者給推翻，好改變國家的政治結構。很遺憾的是，在每個時代都有基督徒或教會是站在統治者的一邊，而不是與人民站在一起。

一九三〇至一九四五年代的德國基督教會，以及日本的基督教會，和一九五〇至一九九〇年代的台灣基督教會，以及現在的中國基督教會，都出現了相同的例子，大多數教會對於人民受迫害的事件，是一概採取不關心的態度，甚至還替迫害的執政者說好話。這些教會掛著基督的名字，卻不遵行聖經的教導，他們寧願傾聽有權勢者的命令，勝過聽從上帝的話語。

既是先知也是詩人的以賽亞，他在自己所寫的詩歌中，描述上帝差派的僕人所受到的待遇，也是像上述這樣；作者用「受迫害，受虐待」，如同「待宰的小羊」在「剪毛」的人的手上，就像面對著死亡的威脅一樣，而上帝僕人表現出來的反應就是「一聲不響」、「一言不發」。這種沉默的現象在〈以賽亞書〉42章2節也曾提起過，說上帝的僕人「他不喊叫，也不喧嚷；他不在大街上大聲宣講」。

像一隻「待宰的小羊」，這個形容在〈約翰福音〉1章29節就有記載：施洗約翰看見耶穌向他走過來時，他公開宣告說：「看哪，上帝的羔羊，除掉世人的罪的！」這句話確認了耶穌就是上帝差派到世上、是為了替人類贖罪的「羔羊」。在聖經時代，以色列人就是宰殺羔羊獻祭作為贖罪的方式（參考民數記／戶籍紀29:7-11）。接著，在〈約翰福音〉1章35至36節，施洗約翰隨即介紹耶穌給身邊的門徒認識，並且很清楚地指出耶穌就是「上帝的羔羊」。

先知以賽亞說上帝忠實僕人並沒有受到好的待遇，相反地，是「被拘禁，受審判，被處死」，原因是為了上帝子民所行的「罪惡」和「過犯」。要特別注意，這裡所說的「罪惡」、「過犯」，意思是指違逆上帝的旨意、教導，而這都是有權勢之統治者顯示出來的行為，他們的手段是「凶暴」的，常常會用捏造的假證據作為陷害的憑據，以為這樣可以順理成章地剪除掉上帝忠實的僕人。

但先知以賽亞強調說，上帝忠實的僕人會受苦，其實是出自上帝的旨意、安排。換句話說，這是上帝特意讓祂的僕人面臨這種遭遇，並不是上帝不出手救助或阻止，他說這位上帝僕人「挨打受苦」，就是要實現上帝的「旨意」。從這裡也可看出，上帝的計畫和想法都不是人所能想像到的（參考以賽亞書55:8-9）。

我們確實無法理解為什麼上帝要用這種「受苦」的方式來達成祂救贖的工作，這點在〈路加福音〉9章30至31節也有提到，摩西和先知以利亞向耶穌顯現時，跟他談論「將在耶路撒冷以死來完成使命的事」，而這也是我們一直很難理解的問題。

值得注意的是，先知以賽亞說這位受苦的上帝僕人，最後死了，但他的死是替萬人「贖罪」，這點正是使徒保羅所說耶穌死在十字架上的意義，是因為上帝「不惜犧牲基督，以他為贖罪祭，藉著他的死，使人由於信他而蒙赦罪」（參考羅馬書3:25）。使徒保羅的這說法也成為認識基督宗教信仰的基礎。現在先知以賽亞認為這位上帝僕人之所以會受苦、遇難，是為了讓上帝的子民獲得新的生命，因此，才會用這種像是獻上「贖罪祭」的方式來完成上帝救贖的計畫。

贖罪的代價是重大的，先知以賽亞提到這位受難的上帝僕人，死的時候是和「邪惡人」混在一起。這裡的「邪惡人」是用複數名詞，表示這位上帝的僕人被看成一般暴徒、犯罪者。確實是這樣，和耶穌同時釘十字架的，是兩位在當時被視為凶惡之徒的暴徒，一個釘在他的右邊，另一個釘在左邊（參考馬太福音27:38，馬可福音15:27）。在當時聚集於各各他刑場的群眾眼中，耶穌和這兩位暴徒一樣，都是「邪惡人」。

即使如此，先知以賽亞很清楚地傳出這個重要信息：上帝忠實僕人的受難，就是為了要使「眾人成為義人」，並能因此得到上帝的「赦免」。這也是使徒保羅見證耶穌的死和復活所帶來的功效一樣，是為了要使所有相信耶穌的人，都能因此被上帝認為是「義人」（參考羅馬書4:24-25），是和上帝關係已經和好的人。相對於原本的「罪」，代表的是人類和上帝的關係破壞了，分離了。

在先知以賽亞描述上帝僕人的這首詩歌中，最後、也是最重要的地方，就是清楚說出這位上帝忠實的僕人是「自願犧牲生命」，這指出上帝的僕人受難犧牲生命，是出於「自願」，只為了要「承擔眾人的罪」。因此，這位僕人甘願受苦，即使是面臨死亡也不逃避，他用這種方式表達對上帝的忠實和順服。

使徒保羅所寫的詩歌中也有這樣說：「他自甘卑微，順服至死，且死在十字架上。」（腓立比書2:8）就是因為耶穌的死，修復了原本因罪而被分裂的人神關係。如今這關係已重新和好、建立起來，上帝藉著耶穌救贖的恩典赦免所有人的罪，這就是福音，是上帝給世人最大的恩典。

經文默想

1. 想想看，為什麼猶大會想要出賣耶穌？他真的是為了錢而出賣耶穌嗎？若是，今天的信徒或是教會，是否也有類似猶大的行為出現？
2. 你有沒有想過，為什麼上帝會允許耶穌用十字架的死，來作為贖罪祭，只為了要挽回人的性命不再繼續沉淪下去，難道全能上帝沒有別的方法嗎？

3. 耶穌被捕、受審時，他都保持沉默不語。他也曾告訴門徒，出去傳福音可能會被捕、審問，「不要擔心說什麼或怎樣對答；那時候，上帝會指示你們該說的話。因為你們所說的，不是自己的話，而是你們天父的靈藉著你們說的」（參考馬太福音10:19-20）。真的要保持緘默嗎？或是也該趁機會說該說的話，就像使徒保羅那樣，為他傳福音的事工辯解？

祈禱文

慈悲的上帝，我們是滿身罪惡的人，離棄祢的教導甚遠。懇求祢再次顯現祢的慈悲，赦免我們的罪。讓我們有足夠的力量，回心轉意歸向祢，知道悔改認罪，成為一個新造的人，回到祢救贖的恩典，成為祢喜悅的兒女。

奉耶穌的名祈求，阿們。

最重要的信仰功課

第10站✦兵士分了耶穌的衣服

耶穌到達刑場，在行刑之前，羅馬兵丁先將他身上的衣服剝下。

兵士把耶穌釘十字架後，拿他的外衣分為四份，每人一份。他們又拿他的內衣；這件內衣沒有縫線，是用整塊布織成的。所以，兵士彼此商量：「我們不要把它撕開，我們抽籤，看誰得著。」這正應驗了聖經上所說的：他們分了我的外衣，又為我的內衣抽籤。兵士果然做了這樣的事。

——約翰福音19章23-24節

有關羅馬兵丁分了耶穌身上的衣服，這在〈詩篇〉22篇18節就有這樣寫著：「他們分了我的外衣，又為我的內衣抽籤。」將這詩句對照〈約翰福音〉所記載的，可說幾乎完全相同。比起〈馬可福音〉只寫說這些羅馬兵丁「抽了籤，把他的衣服分了」（參考馬可福音15:24），〈約翰福音〉確實是詳細多了。

在開頭的經文裡，第23節這裡說，這些兵士把耶穌的外衣分為四份，每人一份，就可明白把耶穌釘在十字架上的共有四位羅馬兵士。又，當時的外衣是用一整塊布縫接而成，因此，在分的時候，只要把接縫線拆開就可以，然後他們用抽籤來決定誰分到哪一塊。再者，也可以這樣了解，當時羅馬法律就有規定，執行死刑的士兵有權得到死刑犯的衣服，而死刑犯在行刑時，全身是赤裸的，因此這些羅馬兵丁可以將死刑犯的衣服當作應得的禮物。

這種執行死刑的慣例，後來逐漸演變成許多國家執行死刑時的另一種慣例，就是：若是囚犯的身上已經沒有完好的衣服（這情形很常見），囚犯的家屬（或是囚犯自己）會把自己身上認為有價值的物品當作禮物，送給執行死刑的劊子手當作「謝禮」。這也有另一種用意，就是希望劊子手下手時，能將斧刀快速落下，這樣可以使囚犯減少痛苦（但這種情形在今天的監獄制度中已經不再出現，因早在入獄時，受刑人身上已無任何貴重物品）。

然而，釘十字架和斷頭臺的死刑不同；釘十字架比較特別的地方，是在腳跟處釘有一塊腳墊，讓被釘十字架的囚犯可以用來支撐身體，不會那麼快死去。對於罪行惡劣的死囚，釘十字架時，羅馬兵丁會把那塊腳墊拿掉，並敲斷囚犯的小腿，這樣囚犯整個身體就會產生劇烈的疼痛而快快死去。

除了金銀珠寶外，聖經時代最貴重的生活用品，應該是布。當時的布料主要有兩種，一種是麻織品，這種麻織品又分成細麻和粗麻，中上階級的家庭幾乎都是使用細麻織成的布料。在聖經時代，埃及可說是當時整個歐亞地帶最出名的細麻織品產地，這跟它的國勢強、奴工多有密切關係。另一種是絲織品。這是貴族家庭才會擁有的奢華品。

雅各（雅各伯）送給他最疼愛的兒子約瑟（若瑟）的，就是「彩衣」（參考創世記37:3），而約瑟送給他哥哥們的禮物，是每人一套衣服，給弟弟便雅憫（本雅明）的是五套衣服（參考創世記45:22），這在聖經時代可說是非常昂貴的禮物。在當時，可從衣服辨識出一個人的身分或是社會地位。

摩西法律就有明確規定祭司穿的衣服很別緻（參考出埃及記28:1-14、31-43），因為那和祭司工作有密切關係，表示一種極高的榮譽。而在耶穌時代，經學教師也有特別的衣服來顯示身分和社會地位（參考馬太福音23:5）。

耶穌所說的比喻中，有一位財主，除了每天奢華宴樂外，每天都是穿著「華麗的衣服」，在中文《和合本修訂版》聖經中，是用「穿著紫色袍和細麻布衣服」來形容；《現代台語譯本・漢羅版》是用「伊穿紫色真高貴的衣服」（參考路加福音16:19）；而天主教《思高版聖經》則是寫「身穿紫紅袍及細麻衣」。確實，原本希臘文就是寫「紫色袍和細麻衣」。紫色，這是只有貴族和國王才穿得到的布料，因為聖經的時代，這種紫色染料必須潛水到海裡取出大貝螺，從牠的唾液中才有辦法取得。

耶穌時代的社會，男人身上穿的內衣是用一整塊布裹住身子，沒有接縫，因此，若是要分，就要剪開或撕裂分割，這樣對內衣是一種損害。不過也有另一種說法，說只有大祭司穿的衣服，內衣才會是整塊布、沒有接縫的。這是否在隱喻著耶穌就是大祭司？但這種看法應該不是〈約翰福音〉作者所要表達的。

羞辱受刑人

剝光耶穌身上所有的衣服，這就是前面提起過的，當時就是這樣在羞辱死刑犯的，即使是眾人注目的耶穌也不例外，被剝光身上所有的衣服。〈約翰福音〉作者在此有意說明，耶穌是被赤裸裸地羞辱到極點了。

然而，羞辱耶穌的行為，除了剝光他身上的衣服外，早從他在大祭司府邸受審時就已經開始了；那些「三和林」議會的議員向耶穌吐口水，吐到他臉上，並且先蒙住他的眼睛，然後用拳頭打他，還戲謔著要耶穌說說看，是誰在打他。此外，他們還用巴掌打他（參考馬太福音26:67-68，馬可福音14:65）。

然後，他們將耶穌移送到羅馬總督彼拉多處審問，當彼拉多被逼得必須判處耶穌釘十字架的死刑時，命令兵士鞭打耶穌。那時，兵士們將耶穌帶入總督府，全隊集合在他周圍，極盡一切所能地羞辱他：第一件事，就是剝下耶穌身上的衣服，給他穿上「深紅色的袍子，又用荊棘編了一頂冠冕給他戴上，拿一根藤條放在他的右手，然後跪在他面前戲弄他」，並且還「向他吐口水，拿藤條打他的臉」（參考馬太福音 27:27-30），諸如此類的羞辱方式，已經不再把耶穌當作一個有生命尊嚴的人看待了。

每個時代都有不同的羞辱受刑人的方式，舊約聖經時代就有這樣的例子，那是大衛當上以色列的王、遷都耶路撒冷時，聽到亞捫王拿轄（納哈士）死了，因為拿轄在位期間，和大衛王的關係友好，因此，大衛派出特使去亞捫弔喪。但沒有想到，繼承拿轄王位的兒子哈嫩（哈農）因聽信臣僕錯誤的諂言，認為這些特使是去窺探亞捫虛實的，於是哈嫩命令手下將這些特使大大羞辱一番。

他們採用的羞辱方式，就是將這些代表大衛去弔慰的特使的鬍子剃掉一半，接著又把他們的衣服從臀部割斷，然後驅逐他們出境。聖經作者說「這些人受辱，覺得很羞恥，不敢回去」。而大衛聽到這消息之後，立即「叫人通知他們留在耶利哥，等到鬍子長長了再回來」（參考撒母耳記下 10:4-5）。

也許對我們今天的人來說，「鬍子剃掉一半」、「衣服從臀部割斷」之類的行為並不是什麼值得大驚小怪的事，但對以色列人來說，單單剃掉鬍子的一半，就足夠讓他們產生「自殺」的衝動，若加上「衣服從臀部割斷」，然後要他們從亞捫走回去，這種羞辱一個男人的方式比把他殺死更嚴重，只要他們走在路上被人看見，街上的人都會當著他們的面恥笑他們，嚴重一點還會拿石頭、穢物丟擲他們，甚至會用最難聽的話羞辱他們。這也是為什麼大衛要他們先在鄰近的城鎮耶利哥停留，直到鬍子長長了之後再回來，其因在此。

另一件充滿羞辱的事，就是大衛的兒子押沙龍（阿貝沙龍）的叛變；他在篡奪大衛的王位之後，竟然聽從身邊策士亞希多弗（阿希托費耳）的計謀，要他「去跟父親在宮殿看守的妃嬪睡覺」，且是在「王宮平頂上搭了一座帳棚，押沙龍在眾目睽睽下走進帳棚，跟他父親的妃嬪赤裸裸地睡在一起」（參考撒母耳記下16:21-22）。這樣的行為不僅是在羞辱自己的父親，也是在宣告他和父親大衛之間已經沒有任何關係了，這等於是公然在宣告大衛「已經死了」一樣。這種行為即使是在今天的時代，也很難被容忍、接受。

押沙龍身邊的策士會提出這樣的計謀，其實就是要讓他跟父親大衛完全斷絕父子關係，而這是非常殘忍的建議。雖然這樣可以強化那些心中尚且三心兩意的臣僕和人民，逼他們必須作出明確的抉擇，知道押沙龍確實已經跟父親大衛決裂，且大衛已經離宮出走，要想再回來重掌政權，那幾乎是不可能的事，可以確認押沙龍就是以色列的王。

但這樣的建議，已經破壞了原本摩西法律對以色列人的教導，是絕對要禁止的亂倫行為，而押沙龍這樣的行徑，等於是公然在羞辱父親大衛（參考利未記18:8），和雅各的長子呂便（勒烏本）的行為同樣糟糕（參考創世記35:22）。也可這樣說，押沙龍雖然擁有了政權，卻違背了家庭倫理，尤其是破壞了宗教信仰的規律。這對以色列人的社會所造成的傷害，比奪得政權、擁有權力更加嚴重。

罪惡最明顯的寫照

其實，類似這種羞辱受刑人的事，在戒嚴時代的台灣也發生過，特別是在「二二八事件」及之後的「白色恐怖」治理時代，那些被抓去槍斃的人當中，有許多受難者在家屬從多人塚中挖掘出來時，他們身上幾乎都是只剩下內褲而已，跟剛被抓去時的整齊衣服、西裝革履完全不一樣。

就像花蓮鳳林教會張七郎長老和兒子張宗仁、張果仁等父子三人，就發生過這樣的悲劇。他們父子都是醫師，在一九四七年四月四日晚上，被十幾名士兵帶走，理由是軍中有許多人突然患病，需要他們多帶藥物前往診治。但後來，他們卻被軍中官兵押走並槍斃於鳳林郊外公墓，然後將之掩埋。

四月五日下午五點多，張七郎長老娘詹金枝女士從公墓將張七郎父子三人身體挖掘出來時，發現他們身上僅剩下內衣褲，原先穿著整齊的衣服，包括西裝、襯衫、皮鞋，以及醫師出診專用的醫藥皮箱等物，都被洗劫一空、消失不見，甚至連腳上穿的襪子也沒了。

同樣的慘狀也發生在戰後擔任台灣高等法院推事的吳鴻麒法官身上；他是在一九四七年三月十二日在高等法院辦公室被捕，然後在三月十七日被人發現和好幾具屍體一起丟棄在南港坑道口。他的情況也是一樣，身上赤裸，只剩下一條內褲。我們可以推想，在高等法院上班時間，怎麼可能只穿一條內褲到辦公室？但在這些被殺害的人當中，有些人的全身上下就是只剩下內褲而已。

其他的案例還有很多，不勝枚舉。這些人身上原本的衣物，幾乎都是被執刑者剝奪而去。可以確定的是，有很多人都是在辦公室被抓去的，有許多家屬根本就找不到人在何處，當發現時，已經是要去收屍的時候了。這些受過日本統治時代高等教育的菁英分子，在被行刑之前，身上所有的衣物都被剝奪，只剩下內衣褲。更慘的是，這些人的家產都遭到充公、沒收，執政者只留下一點點給其家屬應付生活所需。

二〇二二年最火紅、由姚文智先生所製作的影片《流麻溝十五號》，是根據曹欽榮先生策劃出版的書籍拍攝，裡面就有描寫關在綠島的女子良心犯，為了能夠照顧、保護在家裡的妹妹，寧願犧牲自己身體，赤裸裸地供應監獄指揮官洩慾之用。而這只是所有例子中的一例罷了。

其實，類似這樣的例子，國內外皆然。即使在號稱民主的美國，也是一樣，會用很羞辱的方式對待戰俘。雖然有國際社會所訂定的「日內瓦公約」，規定要善待戰俘，但幾乎沒有任何一個國家會這樣做。把戰俘當作仇敵看待，可說是人性顯露獸性的具體例子。

美國從二〇〇二年起，就曾因為把在阿富汗等地拘捕到的所謂「蓋達」、「塔利班」成員，送往其所佔領、位於古巴的「關達那摩」（Guantanamo）監獄，用極盡羞辱的方式凌虐這些戰俘，被國際社會齊聲撻伐。

每當看到這些事件，都會再次想到〈傳道書〉1章9節所提起的：「發生過的事還要發生；做過的事還要再做。太陽底下一件新事都沒有。」確實是這樣，這就突顯出人類的真正問題——罪！它會使人很快就完全失去了自己，陷入迷惑當中，尤其是陷入權力的誘惑中。以為能欺負他人，就表示自己能力比他人強，可以降服別人，逼迫別人聽從、順服。其實，這是最愚蠢的想法，也是罪惡最明顯的寫照。

難以抵抗的事物

馬太和路加這二本福音書記載，魔鬼誘惑耶穌時，其中一項就是帶耶穌到一個很高的地方，轉眼之間讓耶穌看見了天下萬國，然後對耶穌說這樣誘惑的話：「你若向我下拜，我就把這一切權柄和財富都給你；因為這一切都已交給了我，我願意給誰就給誰。」（路加福音4:6-7，馬太福音4:9）

看吧，「一切權柄和財富」，這種世上被看為最好的，有誰會不想要？在台灣，只要每逢選舉來到，就會看到為了奪取縣市長、立法委員的席位，直到總統大選，有哪個候選人不是賣命、全力以赴的？有哪個政黨不是傾盡所有方法、四處拉攏選票的？

為了選票，可以栽贓、汙衊競選對手，拼到血淋淋也在所不惜！甚至，可以把競選對手起底，連數十年前、甚至上一代先人的所作所為都拿出來檢視，毫不留情，這豈不就是赤裸裸的公開羞辱，不是嗎？

為了世上的「權柄與財富」，要人將之拒絕，這可不是簡單的事啊！但耶穌卻很清楚地告訴誘惑者魔鬼，絕對不會為了「權柄和財富」而向魔鬼下拜！他用很堅定的語氣對魔鬼說：「要拜主──你的上帝，惟獨敬奉他！」（路加福音4:8）多麼清楚而簡單的一句話，卻足夠我們將之當作生命的功課，學習一生的時間。

耶穌就曾這樣告誡那位想要請耶穌替他跟兄弟分父親遺產的人：「你們要謹慎自守，躲避各樣的貪婪；因為，一人無論怎樣富裕，他的真生命不在乎他有多少財產。」（路加福音12:15）台灣坊間俗語說的「說到錢，就厭棄」，這句「厭棄」不是說不要，而是說感到厭煩，因為會引起很多爭論，甚至兄弟姊妹彼此之間也會成為仇敵。

有一句大家耳熟能詳的話，出自英國的約翰．達爾伯格．阿克頓（John Dalberg Acton）爵士之筆，他寫道：「權力使人腐化，絕對權力，絕對腐化！」（Power tends to corrupt, and absolute power corrupts absolutely）真的是這樣，一點也沒錯！

在非洲，有許多國家，原本人民所期盼的政權被推翻了，原因很簡單，幾乎都是貪婪、腐化，敗壞了原本的政治理想。或是說，理想往往在擁有政權之後，就因為嘗到權力的甜頭而腐化了！十分諷刺的是，這些被推翻的政權領導者，也會遭到人民用他過去擁有權柄時殘害人民的相同方式，加以報復。這種現象不是只有過去時代才有，近代也一再在許多國家發生著，不僅是在非洲，也發生在中南美洲，和西亞地帶的國家。

耶穌的時代，可說是羅馬帝國開始走向顛峰的時期，對殖民區的人民根本就不會有任何同情、憐恤之心，有權勢的人相互勾結在一起，維護他們擁有的權力。這樣的權勢者往往會把弱勢者、被統治者當作芻狗看待。但在上帝眼中，任何生命都是彌足珍貴的，不管是貧窮的人或是富貴的人，因為所有生命都是來自上帝的創造（參考箴言22:2）。

因此，只要有生命受到迫害，都會令上帝感到痛心難過，這也是為什麼上帝要求祂揀選的子民一定要實行公道、伸張正義（參考創世記18:19，以賽亞書1:17，耶利米書22:3，阿摩司書5:24，彌迦書／米該亞6:8），原因是執行公道、伸張正義，乃是創造宇宙萬物的主上帝之特性（參考耶利米書9:24），因此，祂一定會為被壓迫的人伸冤，為他們伸張正義（參考詩篇103:6、146:7）。

羅馬兵丁將耶穌身上所有的衣服剝下，且用抽籤的方式分贓了這些衣服，使耶穌身上幾乎沒有任何衣物可用來遮蔽身軀。這就如同詩人所說的：「我的骨頭歷歷可數；仇敵都幸災樂禍地瞧著我。」（詩篇22:17）難怪福音書作者描述在各各他刑場圍觀的民眾，他們都用鄙視的話語，譏笑著對耶穌說：「你若是神的兒子，救救自己，從十字架上下來吧！」（馬太福音27:40，馬可福音15:30）

而那些陷害耶穌的宗教領袖們，在目睹兵士抽籤分了耶穌身上的衣服後，看到耶穌全身裸露在萬眾面前，就滿意地嗤笑耶穌，說：「他救了別人，要是他真的是上帝所揀選的基督，讓他救救自己吧！」（路加福音23:35，馬可福音15:31）這些宗教領袖說這樣的話，是在表示：一個連自己身上衣服都保不住的人，又能做什麼呢？傳說他過去曾救過人，這些只不過是虛構的傳聞罷了！這才是他們說這些話諷刺耶穌的本意，即使他們曾親眼目睹耶穌使拉撒路（拉匝祿）復活、從墳墓中走出來，他們也依舊不相信（參考約翰福音12:37）。

在十字架上，耶穌並沒有說什麼。對這些想盡辦法一再羞辱他、甚至逼迫羅馬總督彼拉多硬是將他釘死在十字架上的猶太人領袖，和一大群跟著高聲吶喊、卻不知道為什麼要吶喊的群眾，耶穌唯一想說的，或是最想要說的，就是〈路加福音〉23章34節記載的這段特別的話：「父親哪，赦免他們，因為他們不曉得自己在做什麼。」

耶穌這段向上帝祈求的禱詞，不僅是赦免那些抽籤分贓了他身上衣服，並執行釘他十字架的羅馬士兵，也寬恕了那些陷害他的猶太人宗教領袖，以及在現場嗤笑他的民眾。這點才是我們應該學習的寬恕之信仰功課。

經文默想

1. 你認為羞辱一個死刑犯是可以的事情嗎？即使他是犯了滔天大罪，要執行死刑時，你會用什麼態度看這樣的死因？
2. 你是否贊成死刑的法律？原因是？
3. 耶穌就是被人陷害而被宗教領袖判處「褻瀆上帝」之死罪，然後轉送給羅馬統治者彼拉多時，卻控告他是煽動人民反抗羅馬法律的叛亂分子（參考路加福音23:2，5），而這些都是誣陷的罪，結果耶穌就這樣被處死在十字架上。然而，基督教信仰最為偉大的地方，就是寬恕。就如同耶穌在十字架上時，對那些一再羞辱他的宗教領袖和群眾，卻是向上帝祈求赦免這些陷害他又羞辱他的人（參考路加福音23:34）。這也是使徒保羅所敘述的耶穌的愛，正好顯示出上帝無比的愛（參考羅馬書5:8）。也只有這樣的愛，才會改變作惡者硬化的心，你說是不是呢？

祈禱文

愛我們的上帝，祢知道我們很軟弱，往往會跟著別人搖旗吶喊，自己卻對事情的始末了解有限。親愛的主上帝，懇求祢寬恕赦免我們，讓我們學會主耶穌教導我們的祈禱文所說的「饒恕我們對你的虧負，正如我饒恕了虧負我們的人」，因為我們會饒恕別人，祢也才會饒恕我們。我們願意努力這樣學習，懇求祢幫助我們有這樣的信心和智慧。

奉主耶穌的名祈求。阿們。

第11站✦耶穌被釘上十字架

從刑具到拯救恩典的記號

在各各他刑場，羅馬兵丁將耶穌釘上十字架。

在那裡，他們拿沒藥調製的酒給耶穌喝，但是耶穌不喝。於是他們把耶穌釘在十字架上，又抽了籤，把他的衣服分了。早上九點鐘的時候，他們把耶穌釘十字架。他的罪狀牌上寫著：「猶太人的王。」同時他們又把兩個暴徒跟耶穌一起釘十字架，一個在他右邊，一個在他左邊。

——馬可福音15章23–37節

有關耶穌被釘十字架的事，四本福音書都有記載，分別是在〈馬太福音〉27章35至50節；〈馬可福音〉15章23至37節；〈路加福音〉23章32至46節，以及〈約翰福音〉19章18至30節。

前面已經詳細說明過，把十字架當作刑具懲罰，是始自波斯帝國時代，後來希臘帝國傳承這做法，到羅馬帝國時代就大量使用，但都限用於殖民地的人民。

原本希伯來文沒有「十字架」這名稱，但有「木樁」、「柱子」的刑罰（參考申命記21:22-23）。後來發展出在木樁上增加一支橫桿，變成「T」字型，這是為了方便綑綁或是釘雙手之需而發展出來的。再後來演變成「十」字形的架子，是為了在木架頂部寫受刑人的名字或罪狀。本來為了延長受刑人的痛苦，在受刑人的臀部處有一根突出的短木棍，可支撐受刑人的身體；但不知道什麼時候，臀部的短木棍不見了，換成腳墊，就是目前我們在圖畫中看到的。

十字架這個刑具，從聖經時代延續到十六世紀末的日本德川幕府時代，一直都是用來懲罰基督徒。一五八七年，日本德川幕府為了要滅絕基督教傳入，就曾下令處決二十六名教徒，在長崎的海邊把他們釘死在十字架上。

除了在日本發生過，在歐洲，有更多類似的教案一再發生。即使基督教早已經將「十字架」看成神聖的記號，不會再用十字架當作刑具來懲罰信仰上被認定為「異端」的人，但類似的刑罰卻一再發生在教會歷史中。

其中，最出名的一件教案是發生在捷克，就是前面提過的聖經學者約翰．胡斯，他是基督教思想家、哲學家、改革家，曾任布拉格「查理大學」校長。胡斯是宗教改革的先驅，思想上深受威克里夫（John Wycliffe）的影響，認為一切應該以聖經為唯一的依歸，否定教宗的權威性，更反對販售贖罪券，甚至大肆批評羅馬教宗等人已偏離信仰的真道，貪愛錢財，並且濫權等等。他的言論深切影響了後來的馬丁．路德等人推動改革運動的理念。

但羅馬天主教會視其為異端，於是教宗若望二十三世將胡斯開除教籍，教廷的「康士坦斯大公會議」判他有罪，儘管他當時帶著皇帝敕令的安全通行證旅行，還是被逮捕，鋃鐺入獄，以異端名義將他關在監牢裡，受盡各種折磨，最後在一四一五年七月六日把他綁在城門口的「火刑柱」上，燒死示眾。然而，胡斯卻因為殉道而留名於世。在一九九九年，羅馬天主教會正式為處死胡斯的事件公開道歉。

注意，胡斯被判處「火刑柱」的刑罰，就是將他綁在一根柱子上，然後用火燒死，這是因為教廷認為他被魔鬼附身，而邪靈懼怕火燒。這種「柱子」的刑罰，跟〈申命記〉21章22至23節所提起的「懸掛在柱子上」之刑罰是一樣的。

兩個囚犯的不同反應

確實，今天十字架已經不再是一種刑具，相反地，演變成一種特有的裝飾品，包括掛在胸前的項鍊有十字架的墜子，耳環也有十字架作為裝飾，更不用說基督教會的禮拜堂建築，包括室內裝飾等等，都可看到設計精美的十字架。

然而，我們也經常看見黑道人士，特別是中南美洲等地的許多毒梟大亨、黑道首腦等，他們也在胸前掛著純金項鍊配著超大支的十字架，這真的不知道該怎樣解說十字架的意義才好。

有關將耶穌釘十字架的記事，在路加和約翰這兩本福音書中，各有一段很特別的描述；〈路加福音〉作者特別強調，在耶穌左右兩邊、同樣被釘十字架的兩位囚犯，表現出截然不同的反應：

兩個跟他同釘的囚犯，有一個開口侮辱他說：「你不是基督嗎？救救你自己，也救救我們吧！」另外一個卻責備那囚犯說：「你同樣受刑，你就不怕上帝嗎？我們受刑是活該；我們所受的不正是我們該得的報應嗎？但是這人並沒有做過一件壞事。」於是他對耶穌說：「耶穌啊，你作王臨到的時候，求你記得我！」耶穌對他說：「我告訴你，今天你要跟我一起在樂園裡。」

這是〈路加福音〉很特別的記載，看，一個即將面臨死亡的囚犯，還用羞辱的話在刺激耶穌。但另一位囚犯表現出來的卻令人驚奇，他先用譴責語氣對那位羞辱耶穌的囚犯說，他們受到十字架的刑罰是「活該」，這清楚地表示他們確實是犯了滔天大罪，做了非常惡劣的事，否則在羅馬帝國治理之下，是不會對一般死刑犯採用十字架之刑的。

「活該」一詞也在表示他是帶著悔意認罪，就如同他對另一位伙伴所說的：「我們所受的不正是我們該得的報應嗎？」這句話充分顯示這位知罪的犯人，並不祈求可以獲得寬恕或赦免，因為那是他該得到的「報應」。但不只是這樣，他進一步用懇切、祈求的語氣，懇求耶穌「作王臨到的時候」，能夠「記得」他。他怎會想到耶穌即將「作王」呢？這確實是一件很值得深思的事。

很有可能的是，他在各地闖蕩、做盡惡劣之事的時候，也曾在坊間聽聞過耶穌傳講的信息，和耶穌所行的各種神蹟奇事。可惜的是，他過去沒有機會親耳聽到或親眼目睹，但如今他看見耶穌就被釘在他的身邊。

再者，他看見許多群眾（特別是那些擁有權勢的宗教領袖）都在諷刺耶穌，講的話正好和他的伙伴所說的相同。對於這些一再羞辱耶穌的大聲叫囂話語，耶穌的回應是：「父親哪，赦免他們，因為他們不曉得自己在做什麼。」（路加福音2334）很可能就是這句話，讓這位同樣釘十字架的囚犯發現，耶穌確實不是一般人，因為他稱呼上帝為「父親」，且在他傳道信息中，一再表明他是「從天上來的」，並且說他「不屬這世界」（參考約翰福音8:23, 42）。

因此，在臨終之前，這位囚犯緊緊抓住這最後的機會，說出這段話：「耶穌啊，你作王臨到的時候，求你記得我！」而耶穌立即有了很好的回應，對他說：「我告訴你，今天你要跟我一起在樂園裡。」

值得注意的是，這個知道認罪、悔改的囚犯，責難另一個譏笑耶穌的囚犯說：「你就不怕上帝嗎？」這句話剛好說出了猶太人領袖心中真正的問題，也正好和這位譏笑耶穌的囚犯相同，他們真的是只怕人（參考馬可福音11:18），不怕上帝。他們似乎忘記了上帝深知人內心的意念，以及人在暗中所做一切隱藏的事（參考馬太福音6:4, 6, 18）。

真正在審判人類生命的，是上帝，也只有上帝才有權把人的生命奪走之後，又有權把人投入地獄（參考路加福音12:5）。而這個向耶穌乞憐的囚犯，卻知道在生命的最後時刻，緊緊抓住這個最後機會，承認自己是個罪犯、受刑是活該，然後祈求耶穌「記得」寬恕、憐憫他。也因為這樣，耶穌答應了他，要帶他「一起在樂園裡」。

彼拉多拒絕更改罪狀的原因

整本〈路加福音〉的主題，就是在見證上帝是慈悲的，祂透過耶穌所表現出來的是無與倫比的愛（參考羅馬書5:8）。因此，只要是知道悔改的人，上帝隨時都會伸出雙手接納，因為祂希望人悔改，而不希望看見人因罪帶來死亡（參考以西結書／厄則克耳33:11）。

〈約翰福音〉很特別的地方，是記載羅馬總督彼拉多在十字架上寫著耶穌的罪狀，以及猶太人對他所寫的這種罪狀有不滿的反應：

彼拉多寫了一面牌子，叫人釘在十字架上。牌子上寫著：「拿撒勒人耶穌，猶太人的王。」

許多人看見這牌子上所寫的，因為耶穌被釘十字架的地方離城不遠；而且這牌子是用希伯來、拉丁，和希臘三種文字寫的。猶太人的祭司長對彼拉多說：「請不要寫『猶太人的王』，要寫『這個人自稱為猶太人的王』。』彼拉多回答：「我所寫的，不再更改！」

羅馬總督彼拉多會拒絕更改罪狀，可能有三個基本原因：

一是他深知這些猶太人領袖將耶穌帶來讓他審問，是出於「嫉妒」的緣故（參考馬太福音27:18），而且他們還在公開的審問庭中，煽動群眾，要求總督彼拉多用十字架之刑處死耶穌（參考馬可福音15:11-13）。

二是既然他們控告耶穌到處「煽動」群眾抗繳稅金給羅馬皇帝，且自稱是王（參考路加福音23:2, 5），那麼，彼拉多就依照他們控告耶穌的罪名，寫上「猶太人的王」，這也正好回應了他們控告的理由「煽動人民抗稅」。

三是彼拉多想用這種方式來羞辱猶太人和他們的領袖，讓他們知道「猶太人的王」也不過如此，會被羅馬統治者釘死在十字架上。他想藉此來提醒猶太人領袖和民眾，誰想叛亂，結果就是如此，就算有人想要利用叛亂當猶太人的王，結果就是像這樣慘死在十字架上。

前面提過，刑場是在各各他，是位於耶路撒冷城外北邊的地方。「各各他」是亞蘭語名稱，意思是「髑髏岡」，至於為什麼要將此地稱為「髑髏岡」，據一位早期神學大師聖耶柔米（St. Jerome）所說，是因為該地是執行死刑的刑場，因此到處都留下了許多髑髏，才有這個名稱。但事實是否就是這樣，並不確定。〈馬可福音〉在這裡說，把耶穌釘十字架的時間是上午九點。不過〈約翰福音〉19章14節則說，是直到「正午」的時候，審問才剛結束。但若依照〈馬可福音〉的記載，從清晨六點移送耶穌給彼拉多審問，就算他隨即開庭審理，到九點就把耶穌釘在十字架上，整個過程也才不過短短三個小時，就已經判決確定且執行完成了。從這裡就可看出，在聖經時代，強勢「統治者」審理「被統治者」與生死有關的案件是多麼草率，不是用今天的司法認知可以理解的。

當耶穌被釘在十字架上時，在場的群眾還是繼續在羞辱他，這也包括了陷害他的那些宗教領袖們。他們都是用諷刺的話，要耶穌再行個神蹟給他們看，而他們要求的那個神蹟，就是要耶穌從十字架上走下來，只要他們看見了，就會相信他就是基督，是以色列的王。

其實，類似這種諷刺的話語，和魔鬼試探耶穌時所說的話一樣。當耶穌在曠野禁食四十天後，魔鬼來試探他，第一句話就是：「既然你是上帝的兒子，命令這些石頭變成麵包吧！」（馬太福音4:3）現在，這些大聲喊叫把耶穌釘死在十字架上的民眾，在態度上就是如此，他們共同扮演著魔鬼在向耶穌誘惑著說：「你若是上帝的兒子，

救救自己，從十字架上下來吧！」（馬太福音27:40b）

包括猶太人的宗教領袖們在內，大家都要耶穌再次顯個神蹟給他們看，看耶穌是否真的有能力從十字架上走下來。但耶穌並沒有隨著他們的聲音起舞。因為他很清楚知道上帝的旨意，因此，無論大家怎樣諷刺、譏笑他，都沒有改變他聽從上帝旨意的心態，就像他在客西馬尼園裡祈禱時所說的，只要照上帝的旨意（參考馬可福音14:36）。

黑暗的時刻

馬太、馬可和路加這三本福音書都強調說，直到中午時刻，天象突然發生了極大的變化，那就是「日光消失了，黑暗籠罩大地，直到下午三點鐘」，也就是說，天變黑暗了，整個大地黑暗無光（參考馬太福音27:45-46，馬可福音15:33-34，路加福音23:44）。

聖經作者一再用這種方式來表明上帝的忿怒。就像上帝為了要懲罰埃及國王及他的人民，祂使天地都變黑暗，結果埃及人看不見任何一點亮光，緊接而來的就是國內所有長子、頭胎生的動物全都死去（參考出埃及記10:21-23、12:29）。先知阿摩司對當代北國以色列人說，上帝要懲罰他們時就是這個樣子：「到那一天，我要使太陽在中午下山，白晝變為黑暗。這是我——至高的上主說的。」（阿摩司書8:9）

公元前第七世紀末葉的先知西番雅（索福尼亞）也這樣說：「那將是忿怒的日子，是苦難災禍的日子，是摧殘破壞的日子，是黑暗幽冥的日子，是愁雲滿佈的日子。」（西番雅書1:15）先知的文獻中，經常用太陽和其它星辰從天上墜下、天地黑暗等，來表示上帝要進行嚴厲的懲罰（參考以賽亞書13:10、24:23，以西結書32:7，約珥書2:10, 31）。

在這裡，〈馬可福音〉作者說，有長達三個小時是黑暗的時刻，且時間是從正午時刻開始，這必定會令在場的民眾感到驚訝與不安。就在那段黑暗時刻一過，耶穌在臨終之前，於十字架上大聲喊叫著：「我的上帝，我的上帝，你為什麼離棄我？」這是引用〈詩篇〉22篇1至2節的詩歌，原來是這樣寫的：

我的上帝，我的上帝，你為什麼離棄我？
我哀號求助，你為什麼不來幫助我？

我的上帝啊，我白天呼號，你不回答；
我夜間哀求，也得不到安息。

從詩人所寫的這些詩歌中，可以看見那是生命陷入相當孤寂的時刻所吶喊出來的聲音。重點不是被釘在十字架上的疼痛，而是在生命中感到孤寂又無助時才會有的感受，此刻的耶穌就是這樣。

從這裡可以體會到一件事：罪，使人的生命遠離了上帝。真正的孤獨不是親友的離開，而是生命的主——上帝——遠離了有罪的人。這也是為什麼前面有三站的苦路圖畫（第三站、第七站、第九站）都有提到耶穌因背負沉重的十字架而跌倒在地上，而第七站和第九站的圖畫都很清楚說明那是因為人的罪重之故。

在各各他刑場，有人拿著浸有酸醋的海綿要給耶穌喝的時候，被人阻止了下來，因為他們還想要看先知「以利亞會不會來放他下來」。據說這種酸醋是一種當時用來給死刑犯喝的麻醉酒，可以使被釘在十字架上的囚犯減輕痛苦。但是否真的如此，聖經學者有著不同的觀點。

有一個原因是說，既然要減輕囚犯的痛苦，那為什麼在執行釘十字架之前，還要用鑲有骨頭的皮鞭抽打囚犯呢？那種皮鞭抽打更是痛苦，而且在抽打之後，還要背著十字架走去刑場，如果背不動，還會被繼續抽打，這種刑罰更痛苦。既然要釘十字架了，哪會在意受刑者是否痛苦？不會！

不論是什麼理由，呈現出來的真實景象，是這群圍繞在刑場四周的民眾，都睜大眼睛在看是否會有什麼特別的神蹟出現。他們在期盼是否能看到以利亞從天上下來，將耶穌從十字架上放下來。為什麼他們會有這種想法？依照〈列王紀下〉2章11節的記載，先知以利亞是直接被上帝接回天上的。

而在〈瑪拉基書〉（馬拉基亞）4章5節這樣寫著：「在上主大而可畏的日子來到以前，我要差派先知以利亞到你們那裡。」因此，若是他們現在看到先知以利亞降臨，那他們就會相信耶穌就是來自天上的使者、救贖者。但〈馬可福音〉作者很清楚地記載說，就在這時，耶穌大喊一聲，斷了氣。他死了，是死在十字架上。先知以利亞並沒有下來救他，而耶穌自己也沒有從十字架上走下來。

上帝的旨意是什麼？這確實是個很難清楚知道的事。但可明確知道的是，十字架正好說出生命的苦難，且是莫須有的苦難。因為那是猶太人宗教領袖用誣陷、造假等欺騙方式造成的，正如彼拉多心裡所知道的，這些猶太人領袖是出於嫉妒，才將耶穌移送給他審判，還逼他非要將耶穌判處釘十字架之死刑不可。這些宗教領袖所犯的，正像聖經所說的，是殺害無辜者的罪，而這絕對不會是上帝所允許的事，是被上帝看為惡劣的行為。

這整個事件也在說明一件事：在生命的旅程中，經常會發生類似這種被冤屈的事件，甚至有人親身經歷被無辜陷害的悲劇。聖經作者透過耶穌受害、在十字架上的死，說明這種生命的坎坷際遇，上帝一定會知道，也一定會為遇到這種事的人伸冤。這點是可以確信的事。

只是上帝伸冤的方式很特別，往往跟人所期盼或想看到的不一樣；在這裡，上帝把原本醜陋的十字架，這個人見人怕的刑具，在祂特別的攝理之下，如今已經變成了拯救恩典的記號。今天，我們只要看見十字架，就知道那是救助的機構，只要看見十字架，就知道生命的希望就在眼前，不但不會害怕，還會因此生出生命獲救的期盼。

在本章的最後，借用使徒保羅的話來了解十字架所帶來的信息，他說：

基督死在十字架上的信息，在那些走向滅亡的人看來是愚拙的；對我們這些得救的人來說，卻是上帝的大能。（哥林多前書 1:18）

猶太人要求神蹟，希臘人尋求智慧，我們卻宣揚被釘十字架的基督。這信息在猶太人看來是侮辱，在外邦人看來是荒唐。可是在蒙上帝選召的人眼中，不管是猶太人或是希臘人，這信息是基督；他是上帝的大能，上帝的智慧。（哥林多前書1:22-24）

基督宗教信仰之所以用十字架當作記號，其原因便在於此，就是在表明上帝拯救的記號。

經文默想

1. 耶穌時代的羅馬帝國，用十字架當作懲罰的刑具。現在的十字架已經不是這樣，而是有特別的意義。就你所知，十字架用在哪些地方？表明了什麼意義？
2. 你認為耶穌為什麼沒有如同群眾吶喊的那樣，從十字架上走下來？若是他真的走下來，你想整個局勢會變成怎樣？

3. 耶穌被釘十字架的時候，突然天變了，代表的是上帝的忿怒。想想看，今天的環境氣候、天象也像是變了，這是否也代表著上帝的忿怒呢？

祈禱文

全能的上帝，我們常常就像在群眾中觀看耶穌被釘十字架的人，也常常跟著別人大聲吶喊我們所不清楚或不知道緣由的事，懇求祢寬恕、赦免我們。讓我們知道學習有一顆認罪的心，回到祢的面前，蒙祢赦免。

奉耶穌的名祈求。阿們。

第12站✦耶穌忍受一切羞辱——

用什麼來敬拜上帝？

在刑場圍觀的所有人都在譏笑耶穌，耶穌被羞辱到體無完膚。

> 從那裡經過的人侮辱耶穌，搖著頭，說：「你這想拆毀聖殿、三天內把它重建起來的！你若是上帝的兒子，救救自己，從十字架上下來吧！」祭司長、經學教師，和長老也同樣地譏笑他，說：「他救了別人，卻不能救自己！他不是以色列的王嗎？要是他現在從十字架上下來，我們就信他！他信靠上帝，自稱為上帝的兒子；好吧，現在讓我們看看上帝要不要來救他！」連跟他同釘的暴徒也同樣辱罵他。……看守耶穌的軍官和兵士看見了地震和所發生的一切事，都非常害怕，說：「他真的是上帝的兒子！」
>
> ——馬太福音第27章39-44節、54節

耶穌被釘在十字架上時，宗教領袖和圍觀群眾都在嗤笑他，連把他釘十字架的羅馬兵士、同時釘十字架的一位暴徒也同樣譏笑他，可以說耶穌是被羞辱到幾乎體無完膚的地步。

眾人在刑場嘲笑耶穌的這幕景象，在馬太、馬可和路加這三本福音書中都有記

載。若將這三本福音書所記載的對照來看，就會發現馬太和馬可這兩本福音書都有提到這句：「你這想拆毀聖殿、三天內把它重建起來的！」

耶穌說「三天之內」他要把聖殿重建起來，他會說這樣的話，背景是在耶穌進入耶路撒冷聖殿進行潔淨動作時，譴責當時的猶太人領袖把上帝的「聖殿當作市場」。他發現猶太人宗教領袖把持著為了獻祭而設的攤販，而這些攤販做盡了欺騙民眾的勾當，連獻祭的事都不是為了服務民眾，而是把獻祭當作牟利、詐取錢財的一種方式。因此，他才會說這些猶太人領袖，特別是祭司們，已經把用來向上帝祈禱的殿給「拆毀」了（參考約翰福音2:19）。

耶穌時代的耶路撒冷聖殿，是第二時期的聖殿，也就是在公元前五三六年，波斯帝國消滅了巴比倫帝國之後，波斯皇帝塞魯士做了一個很重要的決定，依照〈歷代志下〉（編年紀下）36章22至23節的記載，內容如下：

> 波斯皇帝塞魯士登基作皇帝的第一年，上主為要實現他藉著耶利米先知所說的預言，激動塞魯士下了一道詔令，用文字記下，傳送到帝國的每一個角落。詔令的內容如下：

「這是波斯皇帝塞魯士的命令：上主——天上的上帝使我做了全世界的統治者；他要我負責在猶大的耶路撒冷為他建造一座殿宇。現在，你們這些屬於上帝的子民要到那裡去，願主——你們的上帝與你們同在。」

接下來，在〈以斯拉記〉（厄斯德拉上）1章4至6節又說：

「如果在流亡的子民中，有需要幫助才能回去的，鄰居要幫助他們，給他們金銀、物品、牲畜，也要為耶路撒冷的上帝聖殿獻上自願祭。」於是，猶大和便雅憫的族長、祭司和利未人，以及每一個心裡被上帝感動的人都準備好了，要回耶路撒冷重建上主的聖殿。所有的鄰居都幫助他們，拿銀器、金子、物品、牲畜，和其他值錢的禮物給他們，另外還有自願為聖殿奉獻的禮物。

波斯皇帝塞魯士頒佈這項詔令之後，馬上要皇室財政大臣米提利達清點以前巴比倫皇帝從耶路撒冷聖殿掠奪、搜刮而去，放置在巴比倫神廟中的杯碗等器皿，都造清冊一一還給猶大省長設巴薩（舍市巴匝），讓他帶回耶路撒冷，這些物品共計有「五千四百件」，準備在耶路撒冷聖殿重建完成之後使用。

這就是第二次建造起來的耶路撒冷聖殿的背景，也是耶穌時代的聖殿；當時重建聖殿幾乎都是靠猶太人自己的手（他們本身在巴比倫就是奴隸身分，被釋放返鄉回去的），跟所羅門時代建造聖殿時用了十五萬三千六百名（參考歷代志下2:17）奴隸的手，耗時七年的情況，大不相同。

而猶太人返鄉重建聖殿，是從公元前五三六年開始陸續返鄉，然後動手重建。雖然是仿照所羅門時代的聖殿樣式，但遠不如所羅門時代那樣金碧輝煌，這是可以想像的。建造工程直到公元前五一六年才完成，足足用了二十年時間。

有人說耶穌時代的聖殿是第三代，原因是大希律王娶了祭司西門（西滿）的女兒，為了要討猶太人喜歡，所以「重建」耶路撒冷聖殿。但猶太人幾乎否認這項說法，認為大希律是「擴建」而不是重建，是就原有的聖殿加以「修建」，並擴大外院的面積，多出原先的一倍大，同時把原本的內院增建到三層樓高，並裝飾得比重建後的聖殿內部更為堂皇美麗，大希律甚至捐了五噸黃金打造一棵純金的葡萄樹，裝置在聖殿正門（東門）入口處，耶穌的門徒和民眾看了都讚嘆不已（參考路加福音21:5）。

這項擴建工程從公元前十九年開始，到耶穌時代已經用了四十六年的時間（參考約翰福音2:20），但並沒有完成，直到公元六十四年才全部完成整修的工程。但隨後不久，就在公元七十年，因為猶太人叛亂，羅馬將軍提多率兵把耶路撒冷城再次拆毀，聖殿拆掉後，只剩下「西牆」一片（即現在所謂的「哭牆」）。

不敬拜上帝的聖殿

其實，耶穌並不是說要「拆毀聖殿」，也沒有說他「三天內」能把聖殿重建起來。而是耶穌進入聖殿外院時，看見有人在販賣牛、羊、鴿子，又有人坐著兌換銀錢，他發現那些人並不是很誠實地在幫助民眾獻祭的事，只是想賺錢的攤販商人，與管理聖殿的祭司團勾結，進行欺詐朝聖客的行為。

這就是為什麼馬太、馬可和路加這三本福音書會說耶穌非常生氣，把攤販趕走、推倒生意人的攤子，大聲責罵他們，說他們將敬拜上帝的殿變成了「賊窩」，表示這裡發生了欺騙的行為，而〈約翰福音〉是用變成「市場」（參考2:16）來形容。

當猶大人民被釋放返鄉之後，先知傳達上帝的信息，說有這麼一天，上帝的聖殿「將稱為萬民禱告的殿」（參考以賽亞書56:7）。可是禱告的殿，怎麼會變成「賊窩」

呢？這很清楚是在表示「不誠實」、「欺騙」，也是敲詐之意。敬拜上帝的場所，怎會是詐欺朝聖客的地方呢？

這種情形，早在公元前第八世紀的北國以色列就發生過，先知阿摩司曾這樣指責當時的人民：

你們自己說的：「神聖的節日快點過去吧！好讓我去賣穀物。安息日快點結束吧！好讓我們去做生意。我們可以抬高物價，用假法碼和小升斗欺騙顧客了。我們可以用高價賣出劣等的麥子，我們要找個無法還債的窮人，用一雙涼鞋的價錢把他買下來作奴隸。」（阿摩司書 8:5-6）

這說得夠清楚了吧，把敬拜上帝當成一種表面應付的事，內心存著欺詐的思維，這就是「賊窩」最好的寫照。這也是公元前第六世紀的先知耶利米用嚴厲的語句，向南國猶大人民傳達上帝譴責時所說的：「你們以為我的聖殿是賊窩嗎？我清清楚楚地看見你們的一舉一動。」（耶利米書 7:11）他會這麼說，是因為宗教領袖一再用不誠實的話語欺騙當時的猶大人民。

這已經很清楚在說明，當時的以色列人，不論是在北國的，或是在南國的，信仰都只是虛有外表，沒有真實敬虔的內心。因此，民眾去聖殿並不是為了敬拜上帝，而是為了應付、欺騙、斂財等。

使徒保羅原本就是個經學教師，受過法利賽人「希列學派」（Hilleh）的嚴格訓練。他對「聖殿」就有很好的解釋。他說：

你們一定曉得，你們是上帝的殿，上帝的靈住在你們裡面。因此，要是有人毀壞了上帝的殿，上帝一定要毀滅他；因為上帝的殿是神聖的，你們自己就是上帝的殿。（哥林多前書3:16-17）

你們不知道你們的身體就是聖靈的殿嗎？這聖靈住在你們裡面，是上帝所賜的。你們不屬於自己，而是屬於上帝，因為他用重價買了你們。所以，你們要用身體來榮耀上帝。（哥林多前書6:19-20）

身體就是上帝的殿，這是一種比喻的說法，要表達的就是：敬拜上帝要用真誠的心靈，重要的不是有形的建築物體，而這點也是耶穌對那位在水井邊與他對話的撒馬利亞婦人所說的：「上帝是靈，敬拜他的人必須以心靈和真誠敬拜。」（參考約翰福音4:24）因此，若是有欺騙的行為，或是有不誠實的心思意念，都在表示人的心中與上帝之間已經有了距離。

因此，當耶穌看見聖殿外院那些猶太人宗教領袖和商人之間，勾結在一起詐騙朝聖的民眾時，他直接指出了猶太人領袖的嚴重錯誤行為，等於是把敬拜上帝的聖殿拆毀了一樣，而所謂的「拆毀聖殿」，意思是失去真誠的心。因此，耶穌說他要拆毀聖殿，指的是拆毀之後要重新建造，而且是在三天之內把敬拜上帝的殿給重新建造起來，就像〈約翰福音〉作者後來所解釋的：「其實，耶穌所說的聖殿是指他自己的身體。耶穌從死裡復活以後，他的門徒記起他曾說過這話，就信聖經和耶穌所說的。」（約翰福音2:21-22）

顯然，當時耶穌說這句話時，連門徒也無法理解。就像耶穌從加利利前往耶路撒冷的途中，第二次對門徒說出此次去耶路撒冷會「被交在人手裡；他們要殺害他，死後第三天，他將復活」的受難預言，他的門徒們也「不明白這話的意思」一樣（參考馬可福音9:31-32）。如果連門徒都不解，一般民眾就更難了解了。

從這裡也可以知道，當時坊間一直盛傳著耶穌推倒那些在聖殿外院開店擺攤的商家時所說的話，而現在群眾看見耶穌被釘在十字架上，他們就用他說過的這句話來譏笑他，要他從十字架上走下來，讓現場民眾親眼目睹耶穌的奇異神能，那他們就會相信他真的可以用三天時間重建耶路撒冷聖殿。

因為連所羅門王都要用七年才建造好聖殿，而返鄉的猶太人重建聖殿用了二十年，耶穌若能用三天建造起來，那一定是偉大的神蹟，只有上帝才有辦法。所以，他們一再要求耶穌從十字架上走下來，好證明他就是上帝派來的拯救者。

要有絕對的信心

人在看的是有形的建築物，當耶穌的門徒讚嘆聖殿建築的宏偉時，耶穌的回答是：「你們在欣賞這些偉大的建築嗎？」（馬可福音13:2a）從這句話就可看出，耶穌幾乎是用「不屑一顧」的語氣，因為就像他對那位撒馬利亞女性所說的，敬拜上帝需要用「心靈和真誠」，因為上帝是靈（參考約翰福音4:24）。

若不是如此，再怎麼美麗堂皇的禮拜堂建築，也不過是一棟用石頭、磁磚、鋼筋建造起來的建築物罷了，不會讓人經歷到、體驗到上帝的同在。因此，〈約翰福音〉

作者對此解釋說，耶穌所說的「三天」，指的就是要把自己犧牲在十字架上，以他的死來喚起人們的良知和心靈的甦醒，知道用真誠的心來敬拜上帝，不再有欺騙的行為出現。

現在，在各各他刑場這裡，宗教領袖和群眾除了用前面提起重建聖殿的事來譏笑耶穌之外，民眾更是用「你若是上帝的兒子，救救自己，從十字架上下來吧」這句話來諷刺他。這句「你若是上帝的兒子」聽起來非常耳熟，因為耶穌出來傳福音時，魔鬼也是一再用這句「你若是上帝的兒子」來試探耶穌。

魔鬼在曠野試探耶穌的時候，耶穌已經歷了長達四十天的禁食，確實是餓到極點。當人處在極限狀態的時候，往往會心神恍惚，魔鬼把握住這個最容易使人陷入恍惚、分辨不清實況的契機，對耶穌說：「既然你是上帝的兒子，命令這些石頭變成麵包吧！」（參考馬太福音4:3）對上帝的兒子耶穌來說，這確實是一件輕而易舉的小事，但耶穌卻用非常嚴正的語氣來回應魔鬼：「聖經說：『人的生存不僅是靠食物，而是靠上帝所說的每一句話。』」（馬太福音4:4）

依照〈申命記〉8章3節的記載，以色列民族離開埃及、進入曠野後，經歷了長達四十年流浪的生命體驗。在沒有食物、沒有水的日子裡，上帝用天上降下來的嗎哪餵養他們，並要他們學習「每人每天必須出去撿當天所需的食糧」（參考出埃及記16:4）。

以色列人聽從上帝吩咐摩西的話，他們「照著吩咐做了，有人撿得多，有些人撿得少。量的時候，撿多的沒有剩，撿少的也不缺；每一個人所撿的剛剛是他所需要的」（參考出埃及記16:17-18）。因為他們聽從上帝的話，上帝便賞賜給他們每日所需要的糧食。這也是耶穌教導門徒的道理：

所以，不要為我們吃什麼、喝什麼，或穿什麼操心；這些事是不信的人所追逐的。你們的天父知道你們需要這一切東西。你們要先追求上帝主權的實現，遵行他的旨意，他就會把這一切都供給你們。（馬太福音6:31-33）

上述這些都在說明信仰上最重要的一個認知：對上帝要有絕對的信心。面臨即將死在十字架上的苦難，耶穌再次聽到這群民眾譏笑他，用羞辱的話來刺激、煽動他，說他如果真是上帝的兒子，一個小動作就可以救自己免於十字架上痛苦的死亡，那就是他可以「從十字架上下來」。但耶穌並沒有這樣做，就算他明確知道十字架上的死非常痛苦，他也不為所動，拒絕了扮演魔鬼的慫恿話語的誘惑。

信與不信，一線之隔

除了一般民眾在羞辱被釘在十字架上的耶穌外，祭司長、經學教師和長老也同樣在譏笑他，而這三種人就是猶太人最高議會（也就是權傾一時的猶太人宗教法庭「三和林」）的議員。他們用違法的方式誣陷耶穌，例如在大祭司官邸夜審耶穌，這就違背了猶太人的法律規定，因為他們深信太陽下山後的夜晚，就是魔鬼活動猖獗的時刻，因此，司法人員不可以在夜間審理任何案件，以免受到魔鬼誘惑。

當他們夜審耶穌時，就曾用過違背摩西法律的方式——「設法找假證據控告耶穌，要置他於死地」（參考馬太福音26:59），這正好說明了這些最高議會的議員確實是被魔鬼給附身了，連這麼清楚的十誡之第九誡「不可作假證陷害人」的舉動，他們也做得出來。他們確實比較像被魔鬼纏身了一樣。

他們看見自己作假證而成功地將耶穌處以死刑，又想盡辦法煽動群眾，促使羅馬總督彼拉多因為擔心引起民眾暴動而屈服了，判處耶穌釘十字架之刑。現在，這些宗教領袖們看見耶穌已經釘在十字架上了，他們紛紛帶著勝利的微笑，以譏笑的口吻對耶穌說：

他救了別人，卻不能救自己！他不是以色列的王嗎？要是他現在從十字架上下來，我們就信他！他信靠上帝，自稱為上帝的兒子；好吧，現在讓我們看看上帝要不要來救他！

看吧，這些猶太人的宗教領袖，態度竟然和民眾相同，都是要耶穌從十字架上下來。他們自己先違背上帝透過摩西教導他們該遵守的法律誡命，達成陷害耶穌的目的，然後卻把「看看上帝要不要來救他」當作一種實驗。他們想用這種方式來取得「上帝站在他們這邊」的證明。這就像是把一個他們所厭惡的對象，用盡各種方式來誣陷，把這個人折磨到快死的時候，再對他說：「你祈禱看看，若是上帝來醫治你、救你，我們就相信你是無罪的。」這種態度就是名符其實的褻瀆上帝的神聖！

再者，這些宗教領袖說「他救了別人，卻不能救自己」這句話，對於已經被釘在十字架上的耶穌來說，可說是再次用一把尖銳的刀扎進他的喉嚨一樣，不但讓他無法說出任何話來，且是致命的一擊，把他們心中那股從耶穌在加利利開始傳福音、行神蹟奇事、引起整個猶大地區民眾簇擁等現象的不滿，以及他們想盡辦法要找耶穌的把柄都無法得逞的惱怒與無奈，全都藉著這句話給宣洩了出來。

不僅是現場的一般民眾和宗教領袖，作者在這裡又加上了一句「跟他同釘的暴徒也同樣辱罵他」。四本福音書中，只有〈路加福音〉寫出兩個暴徒中有一位對耶穌說這樣的話：「你不是基督嗎？救救你自己，也救救我們吧！」（路加福音23:39）這句話很清楚表達了暴徒的心情，除了是在羞辱、譏諷耶穌之外，也以為只要耶穌能再顯個神蹟奇事，就可以擺平當天在各各他的殘酷刑罰。

其實，這個暴徒最大的問題，和那些宗教領袖、民眾相同；他的問題是不知道自己到底在做什麼事、在說什麼話。所以耶穌在十字架上才會說出這句令人感動又震撼的話：「父親哪，赦免他們，因為他們不曉得自己在做什麼。」（路加福音23:34）耶穌在十字架上臨終之前還說了這段話，正好說明了慈悲的上帝對人類的愛，如同使徒保羅所說的：「上帝對我們顯示了無比的愛：當我們還是罪人的時候，基督已經為了我們死了。」（羅馬書5:8）

此時發生了一件最值得注意的事，就是執行釘十字架的羅馬軍官，看見耶穌在十字架上大聲喊叫之後斷氣死去的情形，就說：「這個人真是上帝的兒子！」

依照前三本福音書的記載，耶穌斷氣死去之際，發生了兩個很特別的景象：一是〈馬太福音〉所描述的，發生了大地震；二是前三本福音書都有記載的，就是在中午時刻，黑暗突然籠罩大地，約有三小時之久。再來，若是依照馬太和馬可這兩本福音書的記載，耶穌在十字架上斷氣之前，是大聲喊叫：「我的上帝，我的上帝，你為什麼離棄我？」

可能就是這些特殊的景象，讓這位羅馬軍官感到相當不一樣。因為所有被釘十字架的死刑犯，死去之前幾乎都已經因為被鞭打、被折磨，且在釘十字架過程中受盡那種難耐到極點的痛苦，而精疲力盡、奄奄一息，或是早已昏厥過去、不省人事了。但耶穌不是，他看到的耶穌是用盡所有力量大聲呼喊著上帝，充滿著生命的活力，跟一般人很不一樣。

這也是〈馬太福音〉作者特別提到，這位軍官和兵士都感到非常害怕的原因。如果我們拿這句話來對照現場民眾和宗教領袖一再對耶穌提出的質疑：「你若是上帝的兒子」，確實是強烈的對比。信，與不信，二者之間確實只有一線之隔啊！

經文默想

1. 想想看，為什麼這些宗教領袖和群眾都要耶穌從十字架上走下來，要這樣才相信他是上帝的兒子？他們不是看見過許多神蹟了嗎？就像他們知道拉撒路被耶穌從墳墓裡救活的時候，他們獲得這個消息，不是很高興，而是擔心地說：「這個人行了這許多神蹟，我們該怎麼辦呢？要是讓他這樣搞下去，大家都信了他，羅馬人會來擄掠我們的聖殿和民族的！」（約翰福音 11:47-48）他們在想的是什麼？怎會這樣？你的看法呢？

2. 有人說群眾往往只有「五歲」的智商，這些群眾在宗教領袖的煽動下，看見被釘在十字架上的耶穌，還在冷嘲熱諷。今天是大眾傳播的時代，各種真假訊息參雜、充斥在我們周遭，若不小心，我們也很容易被許多網紅帶著風向走，你的看法如何？有什麼方式可以避免？

3. 當耶穌在十字架上說：「父親哪，赦免他們，因為他們不曉得自己在做什麼。」想想看，我們要怎樣學習，才能將這段話運用在我們的生活環境中？你曾經寬恕一個得罪你或傷害你的人嗎？請分享你的經驗。

祈禱文

主上帝，我們往往也會像會大多數的民眾，喜歡鬧哄哄地跟別人起鬨，卻甚少深思熟慮眼前呈現出來之景象的背後真相。這是我們的軟弱。特別是在這個動盪不安的世代，許多虛假訊息一再出現在我們身邊，我們不勝其擾，甚至會在不知不覺中也陷入了迷惑。

主，我們的上帝，懇求祢幫助我們，隨時隨地都有祢的話語充滿在我們的心靈中，像主耶穌一樣抗拒魔鬼的誘惑。使我們在這個混亂的時代中，有辨別的智慧，成為一盞明確的亮光，讓更多人因為我們堅定的信心而知道走正路。

奉主耶穌的名禱告。阿們。

勇於承認自己的信仰

第13站✦耶穌被卸下十字架

耶穌在十字架上死了，他的母親馬利亞將他從十字架上抱下來。

那裡還有好些婦女從遠處觀看，她們是從加利利跟著耶穌來服事他的。其中有抹大拉的馬利亞、雅各和約瑟的母親馬利亞，和西庇太兩個兒子的母親。傍晚的時候，有一個亞利馬太的財主來了；他名叫約瑟，也是耶穌的門徒。約瑟把身體領了去，用乾淨的麻紗包裹起來

——馬太福音 27 章 55 - 59 節

還有些婦女從遠處觀看；其中有抹大拉的馬利亞，又有小雅各和約瑟的母親馬利亞，以及撒羅米。耶穌在加利利的時候她們就跟隨他，服事他。還有其他好些婦女是跟耶穌一起來耶路撒冷的。傍晚的時候，亞利馬太人約瑟來了；他是一個受人尊敬的議員，一向盼望上帝主權的實現。那天是預備日（就是安息日的前一天）。約瑟大膽去見彼拉多，向他要求收殮耶穌的身體。彼拉多聽見耶穌已經死了，頗覺得驚奇。他把軍官叫來，問他耶穌是不是已經死了很久。既然從軍官那裡得到報告，彼拉多就把耶穌的身體給了約瑟。

——馬可福音 15 章 40 - 45 節

他到彼拉多面前要求耶穌的身體，然後去把身體取下來，用麻紗包好，安放在一個從巖石鑿成的墓穴裡——這墓穴還沒有葬過人。那天是預備日，安息日就要到了。那些從加利利跟隨耶穌來的婦女和約瑟一起去，看見了墓穴，也看見了耶穌的身體怎樣被安放在裡面。

——路加福音23章52–55節

這些事過後，有一個亞利馬太人約瑟向彼拉多請求，准他把耶穌的身體領去（約瑟是耶穌的門徒，只因怕猶太人的領袖，不敢公開）。彼拉多准了他的請求，約瑟就把耶穌的身體領去。

——約翰福音19章38節

苦路第十三站的圖畫，描繪了耶穌被羅馬兵丁釘在十字架上，死了，他的母親馬利亞將他從十字架上抱下來。若是將這幅圖畫和福音書的內容對照來看，就會更清楚早期教會在詮釋上確實和福音書有了差距。因為四本福音書都是說，將耶穌身體從十字架上取下來的，是亞利馬太的約瑟（聖若瑟．阿黎瑪特雅），他去向彼拉多申請獲准後，從十字架上取下耶穌的身體。當他取下耶穌的身體之後，又用麻紗將耶穌包裹起來，然後安放在他新買來鑿成的墓穴裡，這點在〈約翰福音〉19章38至41節有很詳細的記載。

很特別的地方是〈馬太福音〉27章57節記載說，亞利馬太的約瑟也是耶穌的門徒，並且是一個財主。〈馬可福音〉15章42節說他同時是一個受人尊敬的議員。〈路加福音〉更進一步說這位亞利馬太的約瑟，雖然是「議會的議員，卻沒有附和別人的計謀和行為」（參考23:51），而〈約翰福音〉在19章38節，作者特別加註說明：「約瑟是耶穌的門徒，只因怕猶太人的領袖，不敢公開。」

根據上述四本福音書的記載，可清楚看到亞利馬太的約瑟也是耶穌的門徒，這說明了耶穌不是只有十二個門徒而已。這點也可以從〈路加福音〉10章1至12節的記載看到，耶穌差派出去傳上帝國信息的門徒，除了之前第9章有差派十二個門徒外，還另外揀選了「七十二人」，派他們兩人一組去走訪每個市鎮，傳揚上帝國福音的信息。若是再從〈路加福音〉24章18節來看，在前往以馬忤斯（厄瑪烏）途中，有兩個耶穌的門徒遇到耶穌復活，其中一位名叫革流巴（克羅帕）。

前三本福音書都說耶穌揀選了「十二個門徒」，後來這十二位被早期教會稱為「使徒」。可以理解早期教會有個想法：耶穌就是上帝差派到世上的拯救者，凡信耶穌的人，都是上帝重新揀選的「新以色列人」，十二個門徒就如同舊約時代雅各子孫的十二個支派一樣。基督徒取代了舊約時代的以色列民族，成為「新的以色列人」。其實，依照〈路加福音〉的記載，耶穌的門徒並不是只有這十二位而已。

馬可和路加這兩本福音書都說，亞利馬太的約瑟是猶太人最高議會「三和林」的議員，而〈約翰福音〉作者則是特別強調，亞利馬太的約瑟一直隱藏了他是耶穌門徒的身分。他為什麼要這樣做？很可能是因為他害怕法利賽派的人，才不敢公開他和耶穌之間的師徒關係。

這點可從〈約翰福音〉12章42節的記載看到，作者說：「猶太人的領袖中也有許多信耶穌的，只因怕法利賽人，不敢公開承認，免得被趕出會堂。」因為若是被趕出猶太人會堂，表示他們無法參與聚會，對當時的猶太人來說，那是非常嚴重的一件事，等於是從社群中被隔離出來一樣。

而亞利馬太的約瑟既然是「三和林」議會的議員，若是他暴露了自己是耶穌門徒的這件事，可想而知，他的議員身分會馬上被解除。這也是為什麼〈約翰福音〉作者對這些信從耶穌的猶太人領袖不敢公開承認的態度，給予了很嚴重的批評：「他們愛人的讚許，勝過愛上帝的讚許。」（參考12:43）

另一種可能

根據另一個傳說，猶太人議會有個傳統，就是除了上帝以外，只要是人，就沒有完全的、絕對的。因此，任何議會在進行表決時，若全體意見一致，就表示這個結果並不成立。因為議會的決議案，需要有反對意見。

據說，這樣的傳統跟先知米該雅有關。事情是以色列王亞哈派人帶米該雅到宮廷，想問他是否可以出兵去攻打敘利亞，好將祖先失落的土地（基列的拉末）奪回來。派去的欽差官員事先警告米該雅，說國王御用的四百位先知一致都說「可以」，希望米該雅也說同樣的答案。但米該雅卻指著上帝發誓：「上主對我說什麼，我就說什麼。」（列王紀上22:14）

當米該雅被帶到宮廷時，他果真如他所說的那樣，堅持不宜出兵，否則國王亞哈將會戰死沙場。亞哈王非常生氣，命令部下將米該雅關入監牢裡，苦待他、折磨他。結果，米該雅所說的話果然應驗了，亞哈王被敘利亞軍隊的箭射成重傷，流血而亡。這件事便成為了後來流傳的議會習俗：全場一致，表示有問題。

當大祭司該亞法（蓋法）派人抓住耶穌時，馬上在他的官邸召開臨時的「三和林議會」來審判耶穌。而身為議會成員之一的亞利馬太的約瑟，當然也參與其中。亞利馬太的約瑟雖然隱藏了耶穌門徒的身分，但如同馬可和路加這二本福音書所說的，他「一向盼望上帝主權的實現」，當議會審理耶穌的案件，發現無論怎樣找都找不到可以控告耶穌死刑的證據時，他發現，在現場的議員中居然有人作假見證，要陷害耶穌。

因此，當議會表決要怎樣處置耶穌時，他就像〈路加福音〉23章51節所說的：「他雖然是議會議員，卻沒有附和別人計謀和行為。」這很清楚表示，當大祭司宣告耶穌說了「褻瀆上帝」的話、要進行裁決時，除了亞利馬太的約瑟沒有舉手贊成這項罪名，其餘的議員全都表示贊同。就這樣，三和林議會的主席大祭司宣告：判耶穌死刑。

亞利馬太的約瑟也清楚知道，即使議會判處耶穌死刑，也沒有權柄可以處死耶穌（參考約翰福音18:30-31）。因此，三和林議會在大祭司帶領下，將耶穌轉送到羅馬總督彼拉多處，請求彼拉多審問耶穌。為了達到處死耶穌的目的，大祭司等人在彼拉多面前控告耶穌的罪名，並不是三和林議會所判決的「褻瀆上帝」罪名，而是改用「反對向皇上繳稅」、「自稱是王」等兩項叛亂罪。

彼拉多公開審問耶穌時，亞利馬太的約瑟也在群眾當中觀看。他必定也親眼目睹祭司們滲透到群眾中，煽動民眾吶喊，要將耶穌處以十字架的死刑。當彼拉多問耶穌是否真的犯下那些罪時，耶穌卻不回答任何問題，這讓彼拉多感到相當詫異，反而越想要釋放耶穌。

因為，如果耶穌真的有煽動猶太人拒絕向羅馬皇帝繳稅，這種情報一定會很快傳到彼拉多的耳中，何況稅吏所抽來的稅額都沒有減少，就可知道這項罪名並不成立。此外，如果耶穌像許多叛亂犯那樣，自稱是「猶太人的王」，必定會有許多群眾跟隨他到處作亂，但都沒有這樣的情報回傳，甚至坊間稱讚耶穌的人甚多。而更重要的，是彼拉多的妻子曾作了有關耶穌的惡夢，為此她特地派人去警告彼拉多不要管此事（參考馬太福音27:19）。

即使彼拉多很想釋放耶穌，但為了不激起民亂，他還是依照群眾的呼聲，宣判耶穌死刑（參考路加福音23:16-24）。為了這個緣故，亞利馬太的約瑟內心非常懊惱和挫折，甚至有極大的罪惡感。因此，當耶穌被釘死在十字架上，猶太人最高議會認為威脅已經過去了，這時亞利馬太的約瑟才敢去見彼拉多，說要領回耶穌的身體。

但也有另一種可能，就是此時亞利馬太的約瑟看見耶穌已死，認為自己若繼續隱藏耶穌門徒的身分，已沒有意義，甚至是一件羞恥的事；所以，在耶穌被釘死在十字架上之後，他醒悟了過來，決定放棄猶太人看為最榮耀的社會地位——「三和林」議會的議員。於是他勇敢地站出來，主動去找總督彼拉多，希望能取得耶穌的身體，然後又將自己準備好的新墳穴讓出來，作為埋葬耶穌之用。

埋葬耶穌

當初，使徒保羅就是想盡辦法要進入「三和林」議會成為議員，才會四處去逮捕基督徒和迫害教會。後來他在前往大馬士革逮捕基督徒的途中，因為復活的耶穌顯現給他看見，終於改變了他對生命的看法。

就如同保羅所說的，過去他「一向認為有盈利的，現在為了基督的緣故」，他把這些原本是有盈利的，如今都看作虧損，而改成「以認識我主基督耶穌為至寶」。也為了耶穌，使徒保羅說他「損失了一切，當作垃圾，為要贏得基督，完全跟他連結」（參考腓立比書3:8-9a）。使徒保羅的改變，可說是遇到了復活耶穌之後，最明顯的見證。

而亞利馬太的約瑟會有這種改變，很可能就是因為他有參與大祭司府邸召開的臨時議會，在那裡親眼目睹了整個審判過程，在其中，一群議員有造假、誣陷的行為，讓他覺得非常羞恥。

再者，也可以這樣了解：有關猶太人最高宗教法庭在大祭司府邸開會審判耶穌的過程，那些荒腔走板的行徑，極有可能就是亞利馬太的約瑟後來提供給早期教會信徒流傳閱讀的資料，因為那場在大祭司府邸召開的臨時會議，門徒當中只有他有資格可以參加，而彼得當時得以進入大祭司府邸的院子，也極可能就是他帶進去的（參考約翰福音18:15）。因此，福音書的作者會知道「三和林」審問耶穌的詳細過程，必定和亞利馬太的約瑟所提供的資料有極大關係。

〈馬可福音〉作者說，總督彼拉多在確認耶穌已經去世之後，「頗覺得驚奇」，為什麼？原因是太快了。可能是依照過去的經驗，受刑人被釘上十字架之後，通常都要經過一、兩天才會逐漸斷氣，他沒有想到耶穌會這麼快就去世。於是他就准許了亞利馬太的約瑟的請求，准他取下耶穌的身體去埋葬。

依照當時羅馬政府的政策，這種被釘在十字架上的人，都是他們眼中的惡劣分子，要讓這些人的身體掛在十字架上，直到腐爛才可以取下來，好作為給民眾的警告。但亞利馬太的約瑟卻不是這樣想，他根據〈申命記〉21章22至23節的規定，這種掛在木頭上的身體，必須要在當天就埋葬，以免上帝詛咒那地。

況且，亞利馬太的約瑟是個敬虔的人，他知道若是當天沒有處理，接下來必定會遇到節期的問題。如同〈馬可福音〉作者特別註明的，那一天就是逾越節的前一天，必須趕緊處理屍體，否則這一天過去，就必須等到逾越節過後，再加上連續七天的除酵節（兩者都是重大節日，不可以碰到不潔淨的屍體，若不慎觸碰，恐怕會使自己無法參加這些節期活動）。

還有一種說法，認為亞利馬太的約瑟會去向總督彼拉多要求領回耶穌的身體，是因為耶穌在耶路撒冷沒有親戚，剛好他又是耶穌的門徒，還剛好在新近買了一塊地準備作為墳地，所以可以馬上安葬耶穌。因此，由他出面申請與領回身體。

四本福音書都記載，是亞利馬太的約瑟從彼拉多那裡得到許可，領回了耶穌的身體並帶去埋葬。依照馬太、馬可和路加這三本福音書作者的寫法，當亞利馬太的約瑟從十字架上取下耶穌的身體、帶去埋葬時，有一群從加利利一路跟隨耶穌來到耶路撒冷的婦女也在場。她們並沒有因為耶穌被釘死在十字架上就黯然離開，而是一直留守在各各他現場，直到耶穌在十字架上斷氣死去。她們還參與了收埋耶穌身體的過程。只有〈約翰福音〉沒有提起這些婦女在現場，而是提到尼哥德慕（尼苛德摩）參與了處理耶穌身體和埋葬的工作。

依照〈馬太福音〉27章55至56節、61節；〈馬可福音〉15章40至41節、47節，以及〈路加福音〉23章55至56節等處，都有提到一群來自加利利的婦女親眼看見耶穌斷氣之後，身體被亞利馬太的約瑟取下來並放入墳墓內。而其中馬太、馬可這二本福音書都有提到，一直看著亞利馬太的約瑟將耶穌的身體移入墳穴的，是「雅各和約瑟的母親馬利亞」。依照〈馬太福音〉13章55節所提供的耶穌家裡兄弟名單，就包括了「雅各、約瑟、西門，和猶大」等，因而可以說「雅各和約瑟的母親馬利亞」，其實就是耶穌的母親。

再對照〈約翰福音〉19章25至27節，有幾位婦女站在耶穌被釘的十字架下，她們就是耶穌的母親、他的姨母、革羅罷（克羅帕）的妻子馬利亞，和抹大拉的馬利亞。耶穌在十字架上的時候，有特別對站在十字架下一位他所鍾愛的學生和母親馬利亞說話，也因此，早期教會很可能就認為馬利亞身為耶穌的母親，很自然地會抱住耶穌的身體，表達她內心的痛苦。

一位喪子母親的哀痛

在這個世界上，最容易被用來形容上帝之愛的，就是母親的愛。只有母親看見自己的兒女受到無辜殘害時，才會在眾目睽睽之下，勇於站出來。與邪惡勢力正面纏鬥，就算抗拒邪惡的力量是那麼微不足道，作為母親的也會力拼到底，甚至犧牲了生命也在所不惜。

同樣地，雖然抗議的聲音是那樣微弱，但上帝會垂聽見被欺壓者受苦的聲音，祂一定會替受冤屈的無辜受害者伸冤。就像〈出埃及記〉2章23至25節記載的一樣，上帝聽見了以色列人在埃及受苦的聲音，祂會關心，也會伸手救助。

二〇〇九年二月，日本作家村上春樹獲得以色列政府頒發的「耶路撒冷文學獎」，在頒獎典禮中，他當著所有出席的以色列政府高官和外國使節代表面前，這樣說道：

如今我來到以色列，親眼目睹那既高又漫長的圍牆，於是我走在加薩走廊圍牆的外邊，我聽到從圍牆裡面傳出孩子們陣陣的哭聲，他們在呼喚著他們父親趕快回來；然後我繼續走著，聽到年輕婦女哭泣的聲音，在哭訴著她們的丈夫被以色列警察拖出家門、押走，之後就不曾再回來過；我又繼續走在圍牆邊，聽到老年人嚎啕大哭的聲音，他們雙手緊抱著死去的孩子，大聲哭喊著孩子的名字，原來是以色列士兵就在他們家門口、在他們面前，把他們的孩子給槍殺了！

注意，村上春樹在這裡提到的年幼的孩子、年輕婦女，以及年老的父母，他們都是在以色列政府高壓統治之下的巴勒斯坦原住民，被既高又長的圍牆堵住出入之門，顯示出在以色列強暴武力統治下，巴勒斯坦人民的無力與無助。但他們吶喊的哭聲震撼了村上春樹的心靈，他挺身而出為他們說話，讓那些用強硬手段欺壓巴勒斯坦人民的以色列政府，在外國使節團面前感到相當羞愧。

雖然村上春樹發出的聲音聽起來似乎沒有什麼影響或改變，但基督宗教信仰很清楚地說，上帝會垂聽被欺壓之人發出的聲音，祂一定會回應，會替備受欺壓的巴勒斯坦人所受的冤屈和無辜受害者伸冤（參考羅馬書 12:19）。

我看過一座最震撼我心的雕像，是座落在德國和法國交界的一個非常出名的城市，名為「史特勞斯堡」（Strasburg）。這城市因為過去總是在德國和法國兩大強勢軍事的「輪流」統治下，有不少青年分別被統治者徵召去前線打仗，結果有些家庭的兄弟因為統治者變更，使得同一個家庭的親兄弟變成了敵對者，在上級的命令下，不得不互相廝殺。

因此，在二次世界大戰後的歐洲，特地將「歐洲議會」設在此城，並且在議會大門口設置這座雕像：一個母親坐著，雙手抱著戰死沙場的兩兄弟的屍體，一個身上穿著德軍衣服，另一個穿著法軍的軍服，他們戰鬥到死，母親臉上流露出那種無語問蒼天的悲傷表情。

我在這座雕像前佇立良久，沉思著一個問題：這到底是個怎樣的世界？為什麼會發生這樣的慘劇？母親抱著自己「為國犧牲」的兒子屍體，但他們的死，並不是真正去打「仇敵」，只是因為統治者更替，命令他們打自己的兄弟。這母親的內心一定在大聲向著有權勢的統治者喊叫著：「還我兒子的生命來！」也會大聲呼喊著說：「你們為什麼要這樣殺害他？」充滿了類似這樣無法言喻的痛苦。

然而，統治者聽不見、也聽不進這些吶喊的聲音，就像馬利亞抱著耶穌的身體，她唯一能做的，就是用她僅有的雙手緊緊地抱住耶穌，撫摸著他受傷的釘痕、帶著痛苦表情的臉頰，默默哭泣。

同樣傳達出母親之愛的雕像，也出現在澎湖馬公市區，雕刻著來自美國的宣教師白寶珠女士（Marjorie Ingeleiv Bly, 1919-2008）。她從一九五二年受美國信義會差派到台灣，在台北新莊迴龍的「樂生療養院」照顧痲瘋病人。之後，從一九五五年開始，她投入一生時間在澎湖照顧痲瘋病人，直到澎湖縣在二〇〇四年最後一位痲瘋病人康復，痲瘋病就此絕跡。

在她去世後，澎湖人為感念她的奉獻，在馬公市的「慈暉公園」為她雕塑一座白色的紀念像，就是她坐著，腿上躺著一個痲瘋病人，有如一位慈愛的母親，全心照顧著當年人見人怕、被眾人隔離出來的痲瘋病人。這也是為什麼澎湖人會將白寶珠當作自己的母親一樣，一直感念著。

在殘酷的十字架下，耶穌的母親馬利亞在現場，她無法阻止羅馬官兵將耶穌釘死在十字架上，她只能含著眼淚，悲痛地在亞利馬太的約瑟幫忙下，和幾位同行的婦女將耶穌的身體取下來整理，然後安葬她在世上最親愛的孩子——耶穌。

經文默想

1. 亞利馬太的約瑟原本是耶穌的門徒，卻因為怕被發現、失去議員身分而隱藏這件事。想想看，在台灣，是否也有人雖然是信耶穌，也受過洗了，卻不敢公開承認自己就是基督徒？若有，這是為什麼？

2. 每個時代都會發生類似亞利馬太的約瑟這樣，隱藏自身信仰的事，一點也不足為奇。就你所知，在什麼地方或是在什麼情況下，信耶穌的人不敢公開承認自己的信仰？

3. 馬利亞在許多人幫忙下，將耶穌從十字架上卸下來，她抱著死去的耶穌身體，想像得到她內心絕對是非常痛苦。但就像耶穌所說的：「我鄭重地告訴你們，一粒麥子不落在地裡，死了，仍舊是一粒；如果死了，就結出許多子粒來。」（約翰福音 12:24）就是因為許多宣教師獻出了他們的生命，我們才得到福音，且使許多人因此得到福音的信息，結出信仰的果實。想想看，今天的基督教會和傳道者，是否也持續保存著這樣的意念和毅力？

祈禱文

憐憫的上帝，祢知道我們的軟弱，遇到困境，就會懷疑我們對祢的信心，甚至不敢讓人知道我們就是耶穌的信徒。懇求祢再一次因耶穌拯救的愛，憐憫我們的軟弱。懇求祢幫助我們有堅定的信心，無論在什麼環境之下，我們都會勇敢地說「我信耶穌是基督」。謝謝祢的恩典。

奉救主耶穌的名祈求。阿們。

找到自身的存在意義

第14站✦將耶穌安葬在墳墓中

亞利馬太的約瑟從十字架上卸下耶穌，安放在新買來的墓穴中。

這些事過後，有一個亞利馬太人約瑟向彼拉多請求，准他把耶穌的身體領去（約瑟是耶穌的門徒，只因怕猶太人的領袖，不敢公開）。彼拉多准了他的請求，約瑟就把耶穌的身體領去。那個先前曾在夜間來見耶穌的尼哥德慕跟約瑟一起去。他帶了沒藥和沉香混合的香料，約有三十公斤。

兩個人用配著香料的麻紗把耶穌的身體裹好；這是猶太人安葬的規矩。在耶穌被釘十字架的地方有一個園子，裡面有一個沒有葬過人的新墓穴。因為那天正是猶太人的預備日，那墓穴又很近，他們就把耶穌葬在那裡。

——約翰福音19章38-42節

第二天，就是預備日的後一天，祭司長和法利賽人一起去見彼拉多，說：「大人，我們記得那個騙子還活著的時候曾經說過：『三天後我要復活。』所以，請你下令嚴密守護墳墓，一直到第三天，他的門徒就不能把他偷走，然後去告訴人家『他從死裡復活了』，這樣的謊言要比先前的更糟！」

彼拉多對他們說：「你們帶守衛去，盡你們所能，好好地把守墳墓！」於是他們去了，在石頭上加了封條，封住墓口，留下守衛把守。

——馬太福音27章62－66節

這是耶穌背負十字架到各各他的最後一站。耶穌在十字架上斷氣之後，亞利馬太的約瑟向彼拉多申請獲准，從十字架上將耶穌的身體取了下來，然後安放在他新買來、鑿成的墓穴裡。

四本福音書都有記載關於安葬耶穌的事，包括〈馬太福音〉27章57至66節、〈馬可福音〉15章42至47節、〈路加福音〉23章50至56節，以及〈約翰福音〉19章38至42節。不過，如果你仔細對照這四本福音書所記載的內容，就會發現彼此之間確實是有些差異。

〈約翰福音〉記載的有關耶穌被捉拿、判決釘死十字架，以及復活等記事，內容大不相同於前三本福音書。特別在有關埋葬耶穌的事上，〈約翰福音〉作者強調，不是亞利馬太的約瑟獨自去申請收拾耶穌的身體，尼哥德慕（尼苛德摩）也有參與安葬的事務，他們兩人共同用重達三十公斤的香料塗抹在包裹布上，然後將耶穌的身體包裹起來，送進墓穴中安葬。

〈馬太福音〉說總督彼拉多接受了亞利馬太的約瑟的要求，准許他去收殮耶穌的身體，就吩咐屬下將耶穌的身體交給他，亞利馬太的約瑟就「用乾淨的麻紗包裹起來，安放在他自己的墓穴裡」。〈馬太福音〉作者要強調的，就是這個墓穴是亞利馬太「最近才從巖石鑿成的」，然後「又把一塊大石頭滾過來，堵住墓門」。這時，抹大拉的馬利亞和另一個馬利亞是面對墳墓坐著，守在那裡。這兩位馬利亞並沒有因為耶穌被埋葬好了，就馬上離開，而是等候了一些時間之後才離去。

值得注意的是〈馬太福音〉提供了另一則特有資料，就是27章62至66節，記載了猶太人宗教領袖去見總督彼拉多，說有人會「偷走」耶穌的身體，然後告訴民眾說「他從死裡復活了」。於是總督彼拉多同意這些猶太人領袖帶領守衛去看守耶穌的墓穴，並且在穴口石頭上加上了封條，以防有人真的來偷走耶穌的身體。

〈馬可福音〉則是強調，總督彼拉多聽到亞利馬太的約瑟向他要求收殮耶穌的身體時，大感吃驚，於是叫了一位軍官去察看是否屬實，確認耶穌是真的死了，才同意把耶穌的身體交給他。〈馬可福音〉很清楚地提到，除了抹大拉的馬利亞外，還有另一位馬利亞是「約瑟的母親」，也就是耶穌的母親（這位約瑟應該就是耶穌的弟弟）。〈路加福音〉所重視的是，這些緊隨在亞利馬太的約瑟之後、從加利利跟隨耶穌到耶路撒冷的婦女們，她們也看見了耶穌被安葬的墓穴，以及耶穌的身體是怎樣被安放在裡面。之後她們才回去，好為耶穌的身體預備香料和香油膏。

而耶穌在十字架上死去之前，〈約翰福音〉也曾提供另一則重要的經文記事：

那天是預備日，就要到的安息日是個大節日；猶太人的領袖為要避免安息日有屍首留在十字架上，就去要求彼拉多叫人打斷受刑者的腿，然後把屍首搬走。（約翰福音19:31-32）

這是〈約翰福音〉特有的資料，而作者提供這資料，應該是和〈申命記〉21章22至23節的規定有關，也就是說，若有人被處死、掛在木柱上，屍體不可以留到第二天，以免血滴漏在上帝所賜的土地上。

我們知道，在強悍的羅馬帝國統治下的巴勒斯坦猶太人，是沒有能力和條件去和羅馬帝國談他們的民俗的，除非是希律王治理之下的巴勒斯坦，或是希律王治理的北部加利利地區。但猶大地區是屬於總督彼拉多治下，他是不會信這套規定的；而且，既然是這些猶太人領袖害死耶穌，他們也不會太在意耶穌的身體暴露在十字架上多久。也因為這樣，亞利馬太的約瑟才有機會去向彼拉多請求收殮耶穌的身體，再加上他是猶太人最高議會「三和林」的議員，和彼拉多必定熟稔，因而獲准將耶穌的身體領走。

依照當時羅馬政府執行釘十字架的規定，這種罪犯在十字架上去世之後，通常會被取下來，直接丟進一個犯人共用的墓穴中，而且不准有人為這些死去的囚犯公開哀悼。不過，就像前面說過的，亞利馬太的約瑟是猶太人最高議會的議員，又是個財主，在當時的猶太人社群中是頗有知名度的代表人物，因此，當他向彼拉多申請要收埋耶穌的身體時，很快就被彼拉多允許了。

違背猶太人的習俗

對猶太人而言，埋葬死去之人是一件重要的大事，通常是整個社區的人都會來參加。若是有人死後不能埋葬，那是非常可怕的事。聖經記載掃羅（撒烏耳）跟非利士人（培肋舍特人）打仗失敗後，他的屍體被非利士人釘在「伯・珊」的城牆上。住在基列境內雅比城的居民一聽到此事，當地所有的勇士都出來，走了一整夜，將掃羅和他三個兒子的屍體取下來，帶回雅比，在那裡火化並安葬，然後禁食七天作為紀念（參考撒母耳記上31:10-13）。

一個人在臨終之際，都希望有兒女在身旁，認為這是最大的安慰。就像上帝對雅各說的，要他帶領家族去埃及，不用怕，因為在他死的時候，兒子約瑟會在他身邊為他送終（參考創世記46:4）。而相對於這樣的情景，就是即將去世時，身邊完全沒有自己的兒女或是親友陪伴，人們認為這是很悲慘的事。這個觀點和台灣人非常類似，很多台灣人在病情嚴重時，往往會跟醫師或身邊的照顧者說想要回家，也是跟這種生命觀有密切關係。

要注意的是：耶穌是在接近逾越節節期的前一天被釘死在十字架上，依照〈馬可福音〉15章43節所述，有特別提到「那天是預備日」（就是安息日的前一天）。〈約翰福音〉在19章28節說，這些猶太人領袖將耶穌轉送去彼拉多處審問時，他們都沒有進入總督府裡面，因為要保持潔淨，好準備吃逾越節的晚餐。

這個「預備日」就是準備逾越節晚餐的日子，是安息日，所有工作都必須停下來。因此，亞利馬太的約瑟應該是想到，若不趕緊收埋耶穌的身體，就要再等一整天，直到安息日過了之後才能進行，這樣的話，暴露在各各他的十字架上的屍體，很可能會遭受野狼、狐狸等野獸撕咬、吞噬而殘缺不堪。

再者，猶太人有個傳統習俗規定，被處死的囚犯遺體，不能馬上埋葬在家族的墓穴中，因為那是羞恥的記號。但他們有特別為被判「用石頭打死或是用火燒死」的罪人，以及「斬首或絞死者」等這種所謂「罪人」準備墳地，先收埋在這種墳地中，等過一段時間之後，再讓家屬撿拾骨骸、放入甕中，移到家族墓穴去放置。

因此，亞利馬太的約瑟這種收殮耶穌身體的動作，是違背當時猶太人規律和習俗的，一來他不是耶穌的家屬，二來他具有社會地位，卻去收埋一位被判處十字架死刑的人——耶穌。可能是因為他是用自己的墓穴來收埋耶穌的身體，而且他具有社會地位，即使家族中有人持不同看法，也只會在心中碎碎念，不敢說出來或加以阻止。

在上一章中，我們介紹過亞利馬太的約瑟；他原先隱藏了自己是耶穌門徒的身分，「只因怕猶太人的領袖，不敢公開」。但如今，他看見自己仰慕、跟隨的耶穌如此慘死在十字架上，對他來說，實在是無法容忍的一件事；再加上，他在「三和林」最高議會中，親眼目睹他的同事竟然作假證要陷害耶穌，這就更加讓他心碎，因而決定公開自己的身分。

當他去向總督彼拉多請求收殮耶穌的身體時，他可說是豁出去了！因為就在此時，他暴露出了自己是耶穌門徒的身分，也注定會被三和林議會除名，從此不再具有議員的身分。

可以這樣了解：宗教信仰最怕的事，就是宗教師撒謊、欺騙，因為若連宗教師都會這樣，表示這個信仰已經被淘空了，信徒所認識的信仰都是空虛的內容。〈箴言〉作者說上帝最厭惡、憎恨，也是無法容忍的事有七件，就是：傲慢的眼睛、撒謊的舌頭、殺害無辜的手、策劃陰謀的心、奔走邪路的腿、編造假證、在朋友間挑撥是非（參考6:16-19）。這七件當中，「撒謊的舌頭、策劃陰謀的心、編造假證、在朋友間挑撥是非」都和故意撒謊、說不誠實的話有密切關係。

當亞利馬太的約瑟看見三和林議會想盡一切辦法要害死耶穌，連作假證的行為都做出來，必定讓他失望到心碎了。也因此他更加堅信，留在三和林當高貴的議員，只會讓他感到羞愧而已，對信仰一點幫助也沒有。因此，他將收拾並埋葬耶穌的身體，作為另一種抗議的方式。

依照〈馬可福音〉15章42節的記載，說亞利馬太的約瑟「一向盼望上帝主權的實現」，這句話已經說明兩個意義：一是他贊同耶穌所傳遞的「上帝國信息」，這點非常重要，因為耶穌所傳「上帝國的信息」，是指以上帝主權為中心，而不是宗教領袖在扮演著上帝主權的角色，是要大家謙卑地回到上帝面前，而不是到宗教組織的環節裡面。二是他也相信上帝即將開始進行祂嚴厲的審判，因此，他接受耶穌所傳揚的「悔改」、「上帝的國近了」之信息，而那些利用宗教信仰壓榨人民的宗教領袖，更需要真心悔改、認罪，回到上帝面前。

石頭上的「封條」

前面有提起過，〈馬太福音〉提供了特別的一段資料，就是猶太人宗教領袖祭司長和法利賽人一起去見總督彼拉多，告訴他有人會「偷走」耶穌的身體，然後利用這點，對外宣稱「耶穌從死裡復活了」。

他們說，這是因為耶穌生前一直「騙人」，說自己死後「三天」會「復活」。總督彼拉多聽信了祭司長和法利賽人的話，所以，為了防止有人真的去墓穴偷走耶穌的身體，就准許他們帶守衛去，要他們盡己所能地「好好地把守墳墓」。就這樣，他們用彼拉多給的封條，貼在堵住墓穴口的石頭上。

如果將這段記事對照〈約翰福音〉18章28節來看，當時就是這些猶太人領袖押解耶穌到彼拉多處去受審；現在〈馬太福音〉則說，同樣是這些人在耶穌死後特地來到總督彼拉多這裡，和彼拉多商談要嚴加把守耶穌的身體，以免被偷走。

他們這個時候來見總督彼拉多，在時間上是非常奇怪的，因為這個時候馬上就要安息日了，祭司長和法利賽人應該正在準備過安息日才對，怎能去見一個外邦人呢？不過，回想一下耶穌曾嚴厲指責他們這些人是假冒為善的人，對照他們此刻所做的事，正好證明他們真的是虛偽到極點了。

表面上他們很重視安息日，但實際上內心並不是真的尊崇上帝為大。他們平時對一般人民要求很嚴格，安息日時甚至不准人民醫治病患；現在他們為了怕耶穌的門徒「偷走」身體，卻可以去見外邦人領袖，只為了要阻止有人真的這樣做。說穿了，只要能掩藏他們違背信仰的行為，他們任何虛假的事都做得出來。

現在已經很難知道，在石頭上所加的「封條」是指什麼東西，或是用什麼方式加上去。不過我們可以理解，那是一種官方出具的封條證明，表示不准任何人去動上了封條的物品，而把封條貼在石頭上，表示不准任何人未經允許而移動石頭。這石頭是堵在墓穴門口的，表示不准任何人去移動這塊石頭。

可以想像的是，不會是羅馬兵丁去當守衛，因為羅馬總督彼拉多既然確定耶穌是叛亂犯而處死在十字架上，就表示他不可能接受猶太人宗教領袖所說的「耶穌死後三天會復活」這件事，自然也不可能為此派出羅馬兵丁去看守墳墓。要是真的如此，不就會變成是猶太人宗教領袖指揮羅馬兵丁去看守埋葬耶穌的墓穴，而這是不可能的事。因此，總督彼拉多同意他們「帶守衛去」，這些守衛應該是祭司長指揮下的耶路撒冷聖殿的警衛。

不過，從〈馬太福音〉的這段記事也可看出，早期時代確實有這樣的流言，說耶穌復活的信息是「假造」出來的，是耶穌的門徒故意偷走他的身體，然後四處放話說他已經「復活了」。而這種謠傳一直到第二世紀中葉，都還在各地繼續流傳著。但這樣的謠傳也正好說明了一件事實：墳墓裡是空的。

人總以為可以用自己的力量阻擋上帝奇妙的作為，或是想用自己在世上的權勢，箝制上帝拯救的計畫。因此，總督彼拉多對這些猶太人宗教領袖說「盡你們所能」去做，這句話也在表示，只要他們有什麼能力可以阻止這件事發生，就想盡辦法去做吧。

然而，復活的生命是上帝奇妙的作為，是偉大的神蹟。因此，這些猶太人領袖和羅馬統治者想要阻止上帝奇妙的作為，這樣的想法和行為都只會顯示出更大的愚蠢和無知而已。就像約伯回答上帝時所說的：「上主啊，我知道你事事都能；你能實現一切計畫。你問，無知的我怎樣能疑惑你的智慧；我講論自己所不明白的事，奇妙異常，不能領悟。」（約伯記42:2-3）

如果宗教領袖以為可以利用他們在世上的權勢，阻擋或改變上帝奇妙的拯救計畫，這種宗教領袖所帶出來的，就是虛假和愚蠢的信仰。

被改變的生命

前面提到，有一群跟隨耶穌的婦女，在耶穌死後，一直沒有離開各他的刑場，而是留下來，親眼看到耶穌安葬的事完成後才離開。相對於耶穌的門徒都離開了，沒有人留下來，這真的是非常諷刺的一件事，也正好符合了耶穌在逾越節晚餐時對門徒們所說的：「今天晚上，你們都要為我的緣故離棄我；因為聖經說：『上帝要擊殺

牧人，羊群就分散了。』」（馬太福音26:31）

依照〈路加福音〉23章55至56節的記載，當這些婦女看見耶穌身體被亞利馬太的約瑟放進墳墓裡，安置好了之後，就回去為耶穌的身體預備香料和香油膏，好在隔天來重新膏抹耶穌的身體。這樣看起來，她們似乎並不知道〈約翰福音〉所提到的，亞利馬太的約瑟和尼哥德慕已經完成了這件事。

依據〈馬太福音〉27章57節的資料，亞利馬太的約瑟是個「財主」，〈約翰福音〉在這裡說他在領取耶穌的身體之後，就和尼哥德慕兩人一同用「三十公斤」珍貴的「沒藥和香料混和的」香料，塗抹在裹耶穌身體的麻紗布上，然後用這塊麻紗布把耶穌的身體裹好。他們兩人用這種方式來表示對耶穌極高的尊崇。

雖然四本福音書在記載上都有各自的強調，但全都突顯了亞利馬太的約瑟的用心。在耶穌死於十字架上之後，他不再隱藏與耶穌之間的關係，而願意公開自己就是耶穌的門徒。也可以說，是因為耶穌的死，使亞利馬太的約瑟終於勇敢地公開露出他是基督門徒的身分，即使這一點讓他必須承受被猶太人領袖們趕出會堂的威脅（參考約翰福音12:42），甚至使他失去原本在猶太人社會中頗受尊崇的社會地位。這也是為什麼〈馬可福音〉作者會用「大膽」一詞來形容他這樣的舉動（參考馬可福音

15:43）。在當時的猶太人社會，這真的是一個很大的新聞。

另外，〈約翰福音〉提到尼哥德慕也參與了安葬耶穌的事。依照〈約翰福音〉3章1節的記載，尼哥德慕也是「猶太人的領袖」，這表示他可能也是猶太人議員中的一位，要不然就是很有社會地位。他曾公開指責祭司長和法利賽人，在沒有查明真相和聽過口供之前就定人的罪，是法律所不允許的。這些宗教領袖聽了之後，就用很不屑的語氣回應他的仗義執言，鄙視他竟然相信耶穌（參考約翰福音7:42-52）。

如今，他也將因為收殮並安葬耶穌的事，而和亞利馬太的約瑟一樣，身分被公開了出來。可以想像他們兩人的內心必定經過一番很深沉的掙扎與反省，才決定表明他們確實和耶穌有「師徒」的關係。因此，兩人就聯手一起準備了三十公斤的香料布，裹在耶穌的身上。

真正認識耶穌的人，生命就會改變。使徒保羅就是個很好的例子，而在基督教會歷史上也不乏這樣的例子，出名的教父奧古斯丁就是其中之一。在今天的基督信徒當中，也一再聽見這樣的見證。

我聽過這則故事：一位來自法國的富有女子，辭別父親到印度的加爾各達，加入德蕾莎修女創辦的「仁愛修女會」。出發之前，父親相當不捨，特地派自己的飛機裝備著所有她喜愛的家當，派僕人送她到印度。然後又親自打電話給德蕾莎修女，告知這件事。

這位富家千金到達仁愛修女會後，德蕾莎修女囑咐跟隨她的家僕，不必拿任何家當，並且要他們等候一個禮拜。在這個禮拜中，這位富家千金每天陪著德蕾莎修女或其她修女，去街上背那些病重殘弱的人回到修院，替他們潔身、餵食。

一開始的幾天，富家千金幾乎天天回到修院都會嘔吐，只要一聞到這些被扛著或是背回修院的垂危病人身上傳來的味道，她就會吐。就這樣，直到第七天，德蕾莎修女告訴這位富家小姐，應該可以回到法國的父親身邊了。但沒想到，這位富家小姐卻告訴德蕾莎修女說：「我決定要留下來。因為我經歷到，每天都是從十字架上將耶穌的身體取下來，為他潔身和安葬。」

她認知到，在最卑微的人身上所做的，就是為耶穌所做的（參考馬太福音25:40）。她從這些卑微的人身上，親自遇見耶穌，也看見了耶穌與她同在，進而改變了她生命的價值和存在的意義。這樣的轉變，值得我們深深思考與反省。

經文默想

1. 亞利馬太的約瑟和尼哥德慕都是用收埋耶穌的身體，來回應耶穌的愛，卻因此付出很大的代價，就是他們失去了當時猶太人社會最為看重的議會議員之資格。對這樣的付出，你覺得值得嗎？或是你有什麼看法？

2. 福音書中記載，有一位婦女用最珍貴的純哪噠香油膏耶穌，也有人提供沒有騎過的驢給耶穌使用，這些都在表明：將最好的奉獻給耶穌。想想看：今天的基督徒可以用怎樣的方式來表明自己是把最好的奉獻給救主耶穌？

3. 猶太人的宗教領袖想盡辦法，要阻止耶穌復活的信息傳揚開來，因此，找來羅馬統治者彼拉多用權柄發下封條，封住埋葬耶穌的墓穴口。我們的時代是否也會有類似的舉動，想要阻止傳遞耶穌復活信息的人？請舉例。

祈禱文

親愛的上帝，我們很想學習亞利馬太的約瑟和尼哥德慕，能夠排除困難，為耶穌處理埋葬的事，我知道他們會為此而付出極大的代價。懇求上帝幫助我，在這動盪不安的世代，我的信仰可能會面臨許多社會的誘惑、挑戰，特別是在社會地位、財富與誠實信仰之間要作抉擇時，慈悲的上帝，懇求祢伸手扶持我，讓我擁有堅定的心志，信仰不會動搖。謝謝祢。

奉耶穌的名祈求。阿們。

附錄一 ✦ 台灣聖母山莊的苦路

給登山客的深情告白

聖母山莊的苦路沿著山路而設，半立體的雕刻畫十分精緻。

在台灣的天主教會中，有許多來自不同國家的差會，其中有個差會是在一九五二年就來到台灣，且選擇了當時交通很不方便、偏遠的宜蘭羅東，這就是來自義大利的靈醫會。他們是一群受過完善醫療教育的神職人員，以「醫療傳道」為主旨。在這群會士中，有一位很值得我們紀念的人，就是巴瑞士修士。

巴瑞士修士在一九一六年出生於義大利北部的一個小村落，父母都是非常虔誠的天主教徒。他從小就在教會裡出入，因此小小年紀就發願，長大以後要成為一個幫助別人的人。於是，在一九三八年，他進入靈醫會修院，接受四年的訓練，之後又到醫學院修讀護理課程。

一九五八年，巴瑞士修士被派到台灣來，到羅東聖母醫院「丸山分院」服務，這也是全台灣第一所肺結核療養院。在那裡，很多病人都是來自貧困家庭，常常付不出醫藥費，巴修士卻把他們當作自己的親人一般，照顧得無微不至。每當有病人痛苦呻吟，他就會去陪伴；有時三更半夜他床邊的電鈴一響，他知道有病人出狀況了，就馬上趕過去。

巴瑞士修士這樣疼愛肺結核病人，讓這些被大眾隔離、甚至被家人拋棄的病人相當感動，私底下都叫他「阿爸」。就這樣，隨著時間過去，巴瑞士修士要負責的事務越來越多，除了「丸山分院」的護理工作，還有聖母醫院開刀房的麻醉工作，讓他時常忙碌到半夜還無法休息。

早在年輕時，巴瑞士修士就患有「氣喘」的宿疾，年輕時不覺得有什麼問題，但長期操勞使他發病的頻率逐漸增加。他總是把服務病人當作生命中最重要的事，不會想到自己的身體狀況，但靈醫會的會士們知道不可以讓他這樣下去，便將他調到羅東聖母醫院的外科病房服務，一開始時每週只上半天班，使他有多些空閒時間休息。

他就利用這段時間去游泳健身，後來，有一個他認識的病人帶他去爬山，他從此愛上了登山。一開始爬山時，他的氣喘總會發作，但經過一段時間後，他發現氣喘逐漸好轉，因此，他爬的山也越來越高，還和一群山友組成了「聖母登山隊」。

一九七〇年，有一次他們一群人在風和日麗的日子揪團去爬「桃源谷」，巴瑞士修士看到很多人也來這裡爬山，至少有兩百人之多，為了避開人多的登山小徑，他們決定開一條新的下山路徑。他們原本認為這是小事一樁，但萬萬沒想到，他們竟然在山中迷路了。

那時已經快要黃昏，視野越來越暗，但更讓他們驚訝的，是有一大群人跟在他們身後，想走這條新捷徑，現在大家都不知道該怎樣下山了。這時巴修士開始緊張起來，因為他們這支隊伍才十來個人，但跟在他們身後的卻有將近八十個人，且男女老幼都有。

巴修士認為他有責任帶領這群山友平安下山。他將自己的隊伍分配一下，兩個人前導找路，三個人在中間，他自己殿後，絕對不讓任何一個人迷失在山中。就這樣找了三個多小時，終於看見遠方出現點點燈火，他們終於平安地走到海岸邊的公路上。巴修士清點人數，一個也沒有少，全數到齊。此時突然來了一陣傾盆大雨，把所有人都淋濕了，不過大家一點也不在乎，因為終於可以平安回家了。

這次的經驗，讓巴瑞士修士想到一件事：在七〇到八〇年代，台灣經常發生山難的事件。原因之一，就是有不少山友像他們這次一樣，在山上迷路，結果凍死、餓死。若是山上能有個避難所，即便人們不能立刻找到下山的路徑，也可以平安地渡過夜晚，爭取更多生存機會。因此，巴修士就和許多山友一起研究，可以在哪裡建造一間山莊，提供山友臨時避難之用。經過再三討論，他們最後決定「三角崙山和烘爐地山」是最適合之處。

在那個時代，要在山上蓋山莊，若不是政府自己建造，一般人是不可能的。因為山地都是管制區，要申請建造非常不容易。但可能因為巴修士是靈醫會的會士，當時宜蘭羅東的政府官員有不少都認識他，因此，蘭陽林區管理處接到巴修士他們的「宜蘭山岳協會」的申請函時，官員覺得這是巴修士對山友的一份難得愛心，一定要想辦法完成才可以。

終於，在一九七五年五月獲得允許興建一棟山莊。興建的費用除了由巴修士捐出外，也是他親自去募捐。由於宜蘭人都知道巴修士對肺結核病人無比的愛，以及他在聖母醫院照顧病人的勞苦與用心，捐錢的人很多，大家都想完成巴修士對登山民眾的這份愛，不只捐錢，許多建材也是由民眾捐助的。

大家可以想像，要在山上建造山莊，跟在平地或是汽車可通行的山區比起來，難度是大不相同；搬運建材幾乎都得倚靠人力，水泥、砂石、木頭都是一包包扛著上山，連鋼筋也是一樣，可說是既費時又辛苦。但為了讓更多人不會因迷路而失去性命，這已經不是錢和人力的問題，而是充滿著濃濃愛心的深情告白。

好不容易，這座山莊建造好了，取名為「聖母山莊」。巴修士堅持要在山莊前豎立一座聖母像，用來表示聖母庇護登山客的安全，並且還要建造一座十字架。大家都同意，因為上次迷路時，就是巴修士沿路不停地向天主祈禱，才使得將近百人的山友順利找到下山之路。

上：聖母山莊全景，座落於翠綠山巒之間，散發幽靜的氣息，雙層的圓頂很有設計感。

右下：沿著山路而建的苦路，是來到聖母山莊的登山客們的必走行程。

左下：除了在山莊前豎立聖母像之外，巴修士還要求建造一座十字架。

聖母山莊全部完工時，特地邀請羅東聖母醫院的呂道南神父到山上主持落成感恩禮拜。有去過聖母山莊的登山客，都會同意一點，就是從山莊往下眺望，會看到層層的山巒彼此相接，青翠的山林躍入眼前，蘭陽平原的美景盡收眼底，讓人忍不住打從心底喊出這樣的一句話：「台灣真的好美喔！」

說來也許有人不信，但有虔誠宗教信仰的人都會深信，聖母山莊確實有著安定人心的力量。例如山上突然下起大雨，登山客雖然有帶雨具，卻因為路面泥濘濕滑而寸步難行，這時躲進山莊避難，過夜時都會有一種特別平安的感受。有的登山客是民間宗教或是佛教信仰，也因為在聖母像前致敬禮，結果不論上山或下山，都感覺冥冥當中有種力量跟隨著。

然而，就在聖母山莊完成之後，巴瑞士修士的氣喘宿疾隨著年齡增加而開始惡化。雖然登山有幫助他緩和這幾十年來的病症，但因為他左腳跟的肌腱和後背脊椎損傷，爬山變成一件非常困難的事，甚至需要穿上護甲才能減輕痛苦。

一九八四年的大年初二，他的氣喘病加重了，呼吸越來越困難。他也知道自己的日子不久，便告訴呂道南神父，在聖母山莊的路徑上應該設置的「耶穌十四處苦路」還沒有完成。呂道南神父答應他一定會去完成，他才放下心來，在同年二月九日結束了他在世上的生命旅程，回到天家，享年六十八歲。

巴瑞士修士來到台灣後，有長達三十七年時間，把自己的全部身心奉獻給貧困、有需要的人。後來，山友們在聖母山莊為他設立了一座銅像，不只是祈願山友平安路暢，更傳達了每一位曾經走過此處的山友，對這位外國修士的深切懷念。

這就是聖母山莊這條山路中，設置了「耶穌十四處苦路」的背景由來。

＊本篇圖片感謝王瑜拍攝、提供。

堅忍的生命與信仰意義

附錄二✦日本長崎福江島的苦路——

福江島上的苦路是在禮拜堂外面，環繞著整個小山丘。

很多台灣人會到日本的長崎遊玩，其中有個出名景點就是「原爆紀念館」。或許有少數台灣人知道，在離原爆紀念館不遠之處，有個很值得去參訪、卻常被一般觀光客疏忽的重要景點，就是日本天主教「紀念碑」和「二十六聖人紀念館」。

大家應該還記得，有一部在台灣拍攝、奧斯卡最佳導演馬丁．史柯西斯（Martin Scorsese）所執導的電影《沉默》（Silence），這片子是根據日本名作家遠騰周作在一九六六年所寫的同名作品改編而來。故事是基於部分史實，描述在十六世紀，葡萄牙天主教耶穌會派出的宣教師沙勿略（Francisc Xavier, 1506-1552）抵達九州鹿兒島，開始撒下福音的種子。當時日本的統治者織田信長，為了要和外國進行貿易而對基督教採取開放政策，基督教福音不但順利傳開，且快速地發展起來。葡萄牙耶穌會因此派出更多宣教師到日本傳福音，並回報說日本是一塊福音沃土。

但不知何故，後來開始傳出謠言，說「基督教要藉著信仰的傳播，入侵日本、佔領日本」。因此，接續的統治者豐臣秀吉執政時，政策有了極大轉變，原因是他有詢問過這些來自葡萄牙的宣教師，若是當國家遇到困難，是要效忠君王，或是要效忠上帝？宣教師很清楚地回答說「效忠上帝」，這讓豐臣秀吉大為不滿，他認為這樣的宣教師將會造成日本國民不再對君王效忠，於是他發布「驅逐傳教士」的命令，並下令大舉搜捕跟從宣教師信耶穌的信徒。當時對許多基督徒來說，可說是風聲鶴唳，但多數信徒仍然繼續聚會，而宣教師也想盡辦法從澳門偷渡進入長崎，繼續傳福音。

但豐臣秀吉使出更殘酷的迫害手段，其中最為出名的一個事件，就是在一五八七年二月五日，他下令處死二十六名方濟會傳教士及信徒，是為首批殉道者。當中包括了四位西班牙籍傳教士、一位墨西哥籍修道士、一位葡萄牙籍修道士，以及二十位日本籍信徒，其中最小的才剛滿十二歲（其實原本日本信徒只有十八名，有兩名信徒知道這件事後，也主動出來承認自己就是基督徒，要跟這些人一起受難，就這樣變成二十六名）。這二十六人被抓到之後，都在長崎海邊被釘死在十字架上，用此方式來嚇阻日本國民繼續信仰耶穌。

這樣的禁令持續到德川幕府時代，對基督徒的迫害也更為嚴厲。幕府為了要斷絕宣教師前仆後繼來到日本，改變了政策，抓到基督徒時，不是馬上殺害，而是嚴刑拷問信徒，要他們供出宣教師藏匿之處，一旦抓到宣教師，就當著信徒面前詢問宣教師：「是否要繼續傳福音？」若回答「是」，就當著宣教師的面前殺害信徒。為了救信徒的生命，宣教師往往很痛苦地表示放棄。

隨後，幕府官員會立刻逼迫宣教師進入房間，和一位已經執行死刑的犯人妻子同

每站苦路的圖像下方，也就是十字架的下半部，刻寫著該站所發生的事。

房，並且下令全國大肆補抓信徒加以殺害，手段都極其殘忍，包括綑綁倒掛放在極熱的溫泉口等等。信徒因此開始四處躲藏、逃亡。但在這樣苦難中，他們並沒有放棄信仰。為了要躲避德川幕府殘酷的迫害手段，許多信徒逃難到荒野、極少人煙居住的島嶼，但仍堅守著信仰。在長崎外的「五島列島」可說是他們當時逃難求生的主要島嶼。

若你有機會去長崎旅遊或出差，可以從長崎搭「九州商船公司」的長崎到五島航線的「噴射翼飛行船」，這種船從長崎到五島列島的第一大島「福江島」，只需要短短一個小時四十分鐘。若是搭一般交通船，就需要花上四個小時。在接近福江島的海上，遠遠就能眺望到島上的山丘上，有一座白色的禮拜堂聳立著。

當船停泊好，就可搭車前往這座島上聳立在高處的天主教堂。禮拜堂約可容納兩百信徒參加彌撒。禮拜堂頂層有鐘樓，每當鐘聲敲響，所有在島上田園工作的信徒，甚至在海上作業的船員們，都會放下工作，面向教堂頂上的十字架低頭，雙手合十祈禱。這已經是數百年來島上居民生活和工作的一部分，也透露出他們信仰的堅忍態度。

禮拜堂外有一條路，就是所謂的「苦路」，環繞著整個小山丘，可以順著路標走完十四個站，每個站都有耶穌背負著十字架的雕刻圖像。許多信徒會在彌撒聚會後，就走一圈苦路，用來回顧耶穌背負十字架受難的事蹟，也同時回想祖先當初被幕府流放到此島，艱辛存活下來的生命和信仰意義。他們用這種方式在提醒自己，祖先受到嚴厲的迫害，但還是堅守著信仰，且代代相傳，這也是祖先留給他們這代信徒最好的遺產。

在「五島列島」中有一個「久賀島」，據說在五島列島的島上有被抓到的基督徒都送到久賀島囚禁，因此德川幕府在這島上設有所謂的「牢屋」，是囚禁抓來的基督徒用的，是一間六坪大的窄小囚室，關了兩百名信徒，有抱著嬰兒的母親，有年邁的老人牽著稚齡的孫兒等。現在，這間囚室已經改建為禮拜堂，但不是用來做禮拜的，而是用來紀念這些在迫害中受難的信徒。在禮拜堂外有一排排的墓碑，注意看墓碑上的文字，就可發現有些受難者的年齡僅僅三個月大。

如果有機會，請記得走一趟「五島列島」，參訪十六世紀基督徒受難的史蹟，也可去參訪「二十六聖人紀念館」，這對認識信仰、堅固信仰，都會有很大的幫助。

國家圖書館出版品預行編目資料

與耶穌一起走苦路：從受難到復活的14站心靈朝聖 / 盧俊義著. -- 初版. -- 臺北市：啟示出版：英屬蓋曼群島商家庭傳媒股份有限公司城邦分公司發行, 2024.01
面；　公分. -- (智慧書系；28)

ISBN 978-626-7257-28-9 (平裝)

1.CST: 基督徒　2.CST: 靈修　3.CST: 生活指導

244.93　　112022356

線上問卷回函

智慧書系列28

與耶穌一起走苦路：從受難到復活的14站心靈朝聖

作　　者／盧俊義
企畫選書人／彭之琬、周品淳
總 編 輯／彭之琬
責 任 編 輯／周品淳

版　　權／吳亭儀、江欣瑜
行 銷 業 務／周佑潔、周佳葳、賴正祐
總 經 理／彭之琬
事業群總經理／黃淑貞
發 行 人／何飛鵬
法 律 顧 問／元禾法律事務所 王子文律法師
出　　版／啟示出版
115台北市南港區昆陽街16號4樓
電話：(02) 25007008　傳真：(02)25007759
E-mail:bwp.service@cite.com.tw
發　　行／英屬蓋曼群島商家庭傳媒股份有限公司城邦分公司
115台北市南港區昆陽街16號8樓
書虫客服服務專線：02-25007718；25007719
服務時間：週一至週五上午09:30-12:00；下午13:30-17:00
24小時傳真專線：02-25001990；25001991
劃撥帳號：19863813；戶名：書虫股份有限公司
讀者服務信箱：service@readingclub.com.tw
城邦讀書花園：www.cite.com.tw
香港發行所／城邦（香港）出版集團
香港九龍土瓜灣土瓜灣道86號順聯工業大廈6樓A室　E-mail: hkcite@biznetvigator.com
電話：(852) 25086231　傳真：(852) 25789337
馬新發行所／城邦（馬新）出版集團 Cite (M) Sdn Bhd
41, Jalan Radin Anum, Bandar Baru Sri Petaling, 57000 Kuala Lumpur, Malaysia.
Tel：(603)90563833　Fax：(603)90576622　Email：services@cite.my

封 面 設 計／李東記
排　　版／芯澤有限公司
印　　刷／韋懋實業有限公司

■2024年1月18日初版
■2024年4月18日初版3刷　　Printed in Taiwan

定價380元

城邦讀書花園
www.cite.com.tw

 ISBN 978-626-7257-28-9